经济学名著译丛

Indian Currency and Finance

印度的货币与金融

〔英〕约翰·梅纳德·凯恩斯 著
安 佳 译

Indian Currency
and
Finance

商务印书馆
创于1897 The Commercial Press
2013年·北京

John Maynard Keynes
INDIAN CURRENCY AND FINANCE

本书根据 Macmillan 出版公司 1971 年版译出

目　录

英文版编者前言

《印度的货币与金融》出版于1913年，是凯恩斯出版的第一部著作。凯恩斯对印度货币问题的兴趣源于1906年到1908年他在印度事务部任职时期，其背景可见于《凯恩斯著作集》第十五卷。凯恩斯对印度货币问题的探讨，也使他于1913年受命成为皇家印度金融与货币委员会成员。凯恩斯对皇家印度金融与货币委员会的讨论及委员会报告的形式和内容的贡献，也可以在《著作集》第十五卷中找到。

本书的文本来自本书初版的1924年重印本，没有做过任何改动。与1913年麦克米伦初版的唯一不同在于，本书采用的大写字母没有麦克米伦先生的排字工采用的大写字母那么多；此外，本书索引增加了一些人名，是作者父亲约翰·尼维尔·凯恩斯所为（见《凯恩斯著作集第十五卷》），他这样做更多的是出于好心，而不是他老这么做。

本书添加了一个部分。凯恩斯当年写作时，自然认定读者对他在书中提到的那些负责印度金融问题的人的身份和职责，都耳熟能详。为了帮助后代读者了解这些他们不熟悉的人名，我们为本书提到的主要人物增加了一份简历表。

作者序

本书所有章节即将打印完毕但还剩最后一章的时候，皇家印度金融与货币委员会给了我一份工作。如果我的书离出版要求还差很远，我当然会等委员会报告形成之后再出版本书，到那时，我的观点也会因委员会的讨论和更多的证据而更为完整和全面。但在目前这一情况下，我决定将自己已经完成的内容即行付梓，不再增加计划中的其他章节了。因此本书全部是我进入皇家委员会之前完成的。

约翰・梅纳德・凯恩斯

1913 年 5 月 12 日

于剑桥大学国王学院

重要人物简介

重要人物

阿迪,沃尔特·西伯德 1872 年生,1894 年剑桥甲等数学生毕业,1895 年校赛艇队员,1896 年加入印度文官机构,在孟加拉服务。1899—1903 年,供职于多个省份的财政部门。1908—1912 年,出任多个省份的财务总监。1917—1929 年,任穆尔希达巴德(Murshedabad)税务官。1956 年卒。

阿特金森,弗里德里克·詹姆斯 1850 年生。1873 年加入印度财政部门,在孟加拉,后在孟买和西北诸省任职。1890 年任审计官和纸币委员会专员。1891—1904 年,在各省任执行财务总监或审计总监。1900 年任印度财政部审计官。著有关于印度通货和汇率的著作和文章。1914 年卒。

贝克(爵士),爱德华·(诺曼)1857 年生。在印度文官机构的多个部门任职。任孟加拉财政秘书,1902—1905 年,任印度财政秘书。1908 年获封印度之星勋位高级爵士。1913 年卒。

布伦亚特(爵士),詹姆斯·贝内特 1871 年生。1889 年加入印度文官机构。1904 年任副专员。1909 年任上海万国禁烟会委员。1910—1917 年任总督立法会委员。1913—1917 年,任印度财政部秘书。1917—1924 年,任印度参事会成员。1918 年获封印度之星勋位高级爵士(K. C. S. I.)。1910年,获印度帝国三等勋章(C. I. E.)。1951年卒。

克鲁(罗伯特·奥夫利·阿什伯顿·克鲁-米尔恩斯) 1858年生,侯爵一世。1892—1895年任爱尔兰总督。1905—1908年和1915—1916年任枢密大臣。1908年和1912—1915年任掌玺大臣。1908—1910年任殖民地事务大臣。1910—1915年任印度事务大臣。1916年任教育委员会主席。1922—1928年任驻法大使。1931年任陆军大臣。1911年,获封侯爵;1908年,获封嘉德勋爵;任枢密院议员等职。1945年卒。

寇松(乔治·纳撒尼尔) 1859年生,凯德莱斯顿的寇松侯爵一世。1886—1898年,任绍斯波特区的国会议员。1891—1892年,任印度事务次官。1895—1898年,任外交次官。1899—1905年,任印度总督。1915—1916年,任掌玺大臣。1919—1924年任外交大臣。先后获得印度之星勋位(G. C. S. I.),印度帝国大骑士勋位(G. C. I. E.),国会议员等。1921年获封侯爵。1925年卒。

xviii **达达布霍伊(爵士),玛奈克吉·比拉姆吉** 1865年生。1887年进入律师业(中殿律师学院),1887年,孟买高等法院律师。1908—1920年,任总督立法会成员。1920—1932年,印度帝国银行行长。1921—1937年,供职于国务委员会。1933—1936年和1937—1946年,任国务委员会主席。印度财政委员会和英国皇家印度通货和汇率委员会成员。1936年,获封印度之星勋位;1925年,获封爵级司令勋章;1911年,获封印度帝国三等勋章。1953年卒。

道金斯(爵士),克林顿·爱德华 1859年生。1884年进入位于伦敦的印度事务部，1886 年任国务大臣克罗斯爵士的私人秘书。1889 年任财政大臣戈申先生的私人秘书。1889 年任印度总督委员会财政顾问。1900 年任 J. S. 摩根公司合伙人。1902 年获封巴兹高级勋爵(K. C. B.)。1905 年卒。

法勒，托马斯·亨利(爵士) 1819 年生。1850 年加入贸易委员会。1865—1886 年，任贸易委员会常任秘书。1893 年成为男爵一世，致力于公益事业。在贸易和财政领域撰写了多部著作，包括《货币研究》(1898)。1899 年卒。

高特莱特(爵士)，(马杰)·弗里德里克 1873 年生。1891 年加入印度文官机构。1893—1897 年，在比哈尔邦供职。1897 年加入印度财政部门。1904—1910 年，在多个省份任总会计师。1912—1914 年和 1918—1929 年，任职印度主计审计长公署。1929 年退休。1930—1936 年任帕迪亚拉邦财政部长。1922 年获得英帝国爵级司令勋章(K. B. E.)。1929 年获得印度帝国高级爵士勋章(K. C. I. E.)。1964 年卒。

吉兰(爵士)，罗伯特·伍德伯恩 1867 年生。1888 年加入印度文官机构。1888—1907 年供职于联合省。1902 年任税务局秘书。1907 年任政府财政秘书。1910 年任职印度主计审计长公署。1912 年任印度政府财政部长。1913 年，任英国皇家印度财政和货币委员会成员。1914 年任印度铁路局成员。1915—1918 年，任印度铁路局局长。1911 年获得印度之星低级爵位(C. S. I.)，1916 年获得印度之星高级爵位(K. C. S. I.)。1943 年卒。

戈申(乔治·乔基姆阁下) 霍克赫斯特的戈申子爵一世。1831 年生。曾任职弗鲁林-戈申公司。任贸易局副局长。1865—

1866 年,任财政部主计长。1863—1880 年,任伦敦金融城的国会议员。1880—1885 年,任里彭的国会议员。1885 年,任东爱丁堡的国会议员。1900 年获封子爵。1866 年,任兰开斯特公爵郡大臣。1868—1870 年,任济贫法委员会会长。1871—1874 年和 1895 年,任第一海军大臣。1887 年任财政大臣。1903—1906 年,任皇家经济学会第一任会长。1907 年卒。

汉布罗(爵士),埃弗拉德·亚历山大 1842 年生。汉布罗银行合伙人,英格兰银行行长。1908 年获封维多利亚勋爵(K. C. V. O.)。1925 年卒。

xix **汉密尔顿(阁下),乔治(弗兰西斯)爵士** 1845 年生,阿伯科恩公爵一世的第三子。1868—1885 年,米德尔塞克斯的国会议员;1885—1906 年,代表厄灵区的国会议员。1874—1878 年,任印度事务次官。1885—1886 年和 1886—1892 年,任海军大臣。1895—1903 年,任印度事务大臣。后任皇家委员会主席等职。1903 年获印度之星勋位(G. C. S. I.)。1927 年卒。

哈里森,弗兰西斯·卡佩尔 1863 年生。1884 年进入印度文官机构。1884—1889 年,在孟加拉服务。1889—1911 年,任职财政部门,任审计官和纸币委员会首席专员。1909 年获得印度之星低级爵位(C. S. I.)。1938 年卒。

英奇凯普(詹姆斯·赖尔·麦凯) 1852 年生,伯爵一世。1874 年前往印度。在加尔各答、孟买和卡拉奇等地经商,后来是麦金农-麦肯齐公司的资深合伙人,他在印度还有其他许多生意,半岛和东方蒸汽航运公司以及英印蒸汽航运公司。出任多个委员会的委员等。1891—1893 年,任印度总督立法会成员。1897—

1911年，任印度参事会成员；1918年，埃利夫爵士通货问题委员会成员。1929年获封伯爵。1932年卒。

劳(爵士)，爱德华·菲茨杰拉德 1846年生。1868—1886年入伍。1887年担任商务参赞，在波斯、土耳其、保加利亚、希腊等国任职。1900—1904年，任印度总督立法会财政委员。1898年获封圣迈克尔和圣乔治勋爵。1908年卒。

林赛，亚历山大·马丁 1844年生，1890—1904年，任孟加拉银行副行长和司库。1900年获封印度帝国三等勋章(C. I. E.)。1906年卒。

卢伯克(爵士阁下)，约翰(后来的艾弗伯里爵士) 1834年生。银行家：罗巴特-卢伯克公司总经理。多个皇家委员会成员等。著作颇丰，特别是在动植物志领域。多个社团的领袖，包括银行家协会、伦敦商会和商业统计协会。英国皇家学会副会长。1913年卒。

马歇尔，阿尔弗雷德(博士) 1842年生。1865—1877年和1885—1908年，任剑桥圣约翰学院研究员。1885—1908年，任剑桥大学政治经济学教授。1883—1884年，任牛津大学贝利奥尔学院研究员和高级讲师，为候选的印度文官讲授政治经济学，并对印度的经济发展和货币问题产生了终身兴趣。1924年卒。

蒙塔古(阁下)，埃德温·B.(斯韦思林爵士一世第二子) 1879年生。1906—1922年，代表剑桥郡的国会议员。1906—1908年，财政部国会秘书。1908—1910年，首相的国会秘书。1910—1914年，印度事务议会副大臣。1915年任兰开斯特公爵郡大臣。1914—1916年任财政部财政秘书。1916年任军需部长。1924年卒。

蒙塔古，塞缪尔(斯韦思林爵士一世) 1832年生。1853年建 xx

立并成为塞缪尔·蒙塔古银行公司总裁。1887—1990 年任金银委员会委员。1885—1900 年任代表怀特查佩尔的国会议员。他还撰写有关于财政和通货的论文。1894 年获封男爵。1911 年卒。

诺思布鲁克(托马斯·乔治·巴林) 1826 年生,伯爵一世。多年任代表朴茨茅斯的国会议员。1859—1961 年和 1861—1864 年任印度事务次官。1872—1876 年任印度总督。1880—1885 年,任第一海军大臣。1865 年获封男爵;1876 年获封伯爵。1904 年卒。

罗思柴尔德,阿尔弗雷德·查尔斯·德 1842 年生。罗思柴尔德父子公司合伙人。英格兰银行行长。1918 年卒。

罗思柴尔德,内森·迈耶(爵士)1840 年生。法兰克福、后来的伦敦内森·迈耶·罗思柴尔德之孙。1885 年获封子爵一世。罗思柴尔德父子公司合伙人。1915 年卒。

索尔兹伯里(罗伯特·阿瑟·塔尔伯特·加斯科因-塞西尔)侯爵三世。1830 年生。1853—1868 年任代表斯坦福的国会议员。1868 年继任侯爵二世。1866—1868 年任印度国务大臣。1874—1880 年和 1895 年,任外交大臣。1885—1886 年、1886—1892 年和 1895—1902 年,任首相。1903 年卒。

萨克雷(爵士),维萨尔达 1873 年生。孟买最大的棉纺厂主。纺织厂主协会主席。多家公司的董事。1910—1913 年,任加尔各答立法会委员。1908 年获封爵士。1922 年卒。

威尔逊(爵士),盖伊(道格拉斯·阿瑟)弗利特伍德 1850 年生。1870 年供职于财政部主计长办公室。1883—1908 年供职于军队战俘失散人员办公室。1904—1913 年,任军队财务总管等职。1908—1913 年,印度最高委员会财政委员。1911—1913 年,印度立法会副会长。1902 年获封爵士。1905 年获封巴斯高级勋爵。1909 年获封二等勋爵。1911 年获封印度帝国骑士勋位。1940 年卒。

第一章　卢比的现状 1

我不打算花费时间来讨论与印度货币相关的广泛的历史资料。人们都非常清楚，截至 1893 年，印度通货还是基于白银自由铸造的货币体制，卢比的黄金价格仍然跟随银锭的黄金价格的波动而波动。由于白银的黄金价格贬值，所以在很长一段时间内，贸易变得十分不便；又由于政府必须使用英镑进行大额支付，所以公共财政也受到严重干扰。1893 年，关于复本位制的谈判破裂，印度铸币厂停止了白银的自由铸币，卢比的价值与卢比内含的贵金属价值相分离。政府停止发行新的货币，成功地在 1899 年将卢比的黄金价格提高到 1 先令 4 便士。自那时以来，这一价格一直保持不变。

毫无疑问，一开始，印度政府并没有充分了解新货币体制的实质，因此在新货币体制甫一出现之时，曾犯了几个小小的错误。然而，现在从大的普遍原则的立场上，已很少有人质疑从白银本位转变为金本位的明智性。

时间使得白银利益集团的喧嚣沉寂下来，时间也令人满意地解决了批评意见原本所持的主要理由，即：

(1)新货币体制是不稳定的；

(2)货币贬值有益于一国的对外贸易。

2 这第二条抱怨是人们在 1893 年所力陈的主张。据说，卢比贬值是对出口商的奖励，因此人们认为，引入金本位制会造成对茶叶、谷物以及棉织品等出口贸易的极大损害。当时的理论家清楚地指出：(1)出口商的利益在很大程度上是以牺牲其他集团的利益获得的，因此从整体上说对国家无利；(2)出口商也只能是暂时获利。

近来，印度物价的轮番上涨已经清楚地表明，尽管货币贬值可以暂时使一些部门获利，但会在很多方面极大地危害到社会各个部门。事实上，物价上升的趋势已经引发了对现行货币体制的一些怨言，然而很显然，1893 年的巨变必定是打算让价格降下来，而且如果没有进行这次转变的话，卢比的价格十有八九会高于现在的水平。

关于这次巨变对出口商产生的临时性效应问题，实践断然地支持理论。J. B. 布伦亚特先生在(1910 年 2 月 25 日)立法会会议上对实践的性质所做的总结，非常令人叹服。他的说法回应了孟买工厂主利益集团提出的有关 1910 年对白银征税的相同争论。①

---

① 布伦亚特先生的说法如下："在座的很多人应该都还记得，这些说法代表的是茶叶种植业的观点。多年来，印度与中国以相同的货币为基础，一直进行竞争。当时的争论认为，汇率对贸易的干扰，即卢比的升值和白银的贬值，不仅导致了印度茶叶的行业地位被剥夺，还导致了整个茶叶行业无法补救的损害。我引用的这段文字实际上在 1892 年的大吉岭种植者协会上，已经被引用过了。在取消自由铸币的前一年，印度向国外出口了 1.15 亿磅茶叶。但截至 1909 年，出口量只增长了一倍多点。在棉纺织品行业也有相同的说法，这里我稍微详细一点。工厂主担心、而他们也确实有理由担心的是白银贬值。这种情况也实实在在地发生了。1892－1893 年，也就是自由铸币取消的前一年，每盎司白银的平均价格是 40 便士；第二年，这一价格先降到 33 又 1/3 便士；第三年则下跌到29便士，保持或低于30便士达数年之久。实际上，人们可以预期

因此,1893 年的批评声音消失了,我们现在面对的是全新的货币问题。尽管从 1899 年开始印度货币体制演变在悄悄进行,但进展却非常迅速。政府方面很少公开声明其政策,立法方面的变化也不大,但一个既没有受到实施它的那些人思考,又没有获得反对终结铸币之人盘算的制度,却在 1893 年发展了起来。而且,这一制度既不被政府看好,也不受 1899 年福勒委员会青睐。尽管当时也有类似于这种制度的提议。我们甚至都无法指出这一货币制度到底是哪一天被讨论通过的。 3

事实上,印度政府无意间采取了一种制度,并且从未清楚地对其做过阐述,部分原因是大家对这一制度的真正特征具有普遍误解。但从这一制度过去的境遇来看,不做解释也不会从根本上使事情更为糟糕。1898 年委员会会议之前,由 A. M. 林赛先生在一份原则上与此类似的提议中(并最终被采纳)所做的预言,绝大部

到,这种情况大大刺激了中国的茶叶生产。在这种情况下,中国占到的便宜不是 2%,而是 25%。这不是暂时性的下滑,暂时性下滑可以在一个月内由其他因素抵消,这种下滑持续数年。众所周知,自那时起,白银再也没有回到每盎司 40 便士的价格。此外,就在自由铸币取消之前,确实也存在过度贸易的情况。工厂主实际上在几个月内一直在努力迫使中国市场处理他们手上囤积的存货。因此事实上,1893－1894 年出口的下滑,部分原因是我们的货币体制变化导致了混乱,部分原因是中国市场现有的缺口。然而,1894－1895 年出口的恢复显示出,面对这种临时出现的新情况,中国迅速开始了价格和工资的调整。因为我发现,在 1894 年的头一个月,工厂主已经再次稳定了生产并有了赢利。或许我可以给出实际数字。1891－1892 年,棉纱出口是 1.61 亿磅。1892－1893 年,即自由铸币取消前价格膨胀的那年,出口上升到 1.89 亿磅。1893－1894 年,(如我所说的那样)出口下降到 1.34 亿磅,但在下一年又再次上升到 1.59 亿磅。在 1902－1903 年和 1903－1904 年,虽然白银的价格已经下跌到 24 便士,但出口大约为 2.50 亿磅。1905－1906 年,出口达到了有记录的 2.98 亿磅。最近两三年,出于各种原因,出口出现了下降,但 1908－1909 年的出口量达到了 2.35 亿磅,特别是对中国的出口有了明显改善。”

分都已经应验。他说:“除了少数有识之士之外,这种变化基本上
无人关注。经过这样一个潜移默化的过程,人们满意地发现,印度
4 货币将植根于李嘉图等伟大学者早已提倡的最佳货币体制上了。
也就是说,国内流通中使用的货币仅限于纸币和劣质金属辅币,但
在对外支付时,这种货币像金币一样可以自由兑换黄金。”

1893 年,还有四种货币基础仍在考虑之中:劣质硬币和贬值纸币、银本位、复本位以及金本位。我们并不认为印度政府打算采用第一种货币体制,他们也公开承认第二种货币体制令人失望;或者,他们想通过协商采取第三种货币体制,但最终没搞成。这样一来,他们的最终目标一定是最后一个,即金本位制。1892 年的委员会并没有表明他们的态度,但他们推荐建立的制度是引入金本位的过渡性的第一步。1989 年的委员会明确表态支持最终建立金本位。

如果这是印度政府的目标的话,这一目标从来没有实现。卢比仍然是主要的交易媒介,具有无限法偿货币地位。也没有任何法律规定强制政府当局允许卢比与黄金的兑换。自 1898 年始,卢比的黄金价格就只在一个极为有限的范围内波动,这一事实只能归因于政府当局被逼采用了行政手段。那么,卢比的现状究竟如何呢?

印度现行货币体制有如下特征:

(1)尽管法律规定不可兑换黄金,但卢比具有无限法偿地位。

(2)沙弗林也具有无限法偿地位,1 沙弗林可以兑换 15 卢比,只要1893年颁布的通告没有撤销,就可以要求政府按

15 卢比兑换 1 沙弗林的比率进行兑换。 5

(3)从行政惯例看，一般来说，政府应该允许沙弗林与卢比按此汇率兑换。但在实际上，政府时常停止兑换，而且，在印度也不可能总是用卢比大量兑取黄金。

(4)从行政惯例看，政府会在加尔各答按每卢比不高于 1 先令 3 又 29/32 便士的价格，出售以英镑支付的伦敦应付票据。

上述特征中的第 4 条，是支持卢比的英镑价值的关键特征。尽管政府并没有盲目地承诺要维持这一价位，但如果不这样做的话，这一货币体制恐怕就该彻底崩溃了。

因此，第 2 条特征限制了卢比的英镑价值上升到 1 先令 4 便士之上，即不高于印度卢比兑换沙弗林的汇兑成本，第 4 条特征限制了卢比兑换沙弗林的价格下跌到 1 先令 3 又 29/32 便士。这就意味着，实际上，卢比的英镑价值变动的极限是 1 先令 4 又 1/8 便士和 1 先令 3 又 29/32 便士。

印度货币体制的主要特征充其量也就是一系列公告和行政惯例的组合，所以，重要的是指出这一货币体制之所以成为制度的那一个法令。下列重要日期可以作为我们的参考：

1892 年	赫谢尔印度货币委员会成立。
1893 年	颁发停止印度私人铸造银币的法令。政府公布了固定汇率，卢比或纸币将按 1 先令 4 便士兑 1 卢比的价格，偿付黄金。
1898 年	福勒印度货币委员会成立。卢比的英镑兑换价值达到 1 先令 4 便士。

1899 年　法令宣布英国沙弗林按 1 先令 4 便士的价格兑换卢比。

1899—1903 年　就沙弗林在印度的铸造进行谈判(1903 年 2 月 6 日之后无限期停止)。

1900 年　从铸币利润中提取金本位储备金。

1904 年　印度事务大臣宣布,同意按照 1 先令 4 又 1/8 便士的价格无限制出售印度政府票据。

6　1905 年　法令规定在英格兰银行为“专用”黄金设立了货币基金库,作为兑换纸币的部分货币储备金,[①]以及货币储备金中投资于英镑证券的组成部分。

1906 年　不再以金法币(与英国金币相区别)为基础定向发行卢比。

1907 年　为金本位储备金设立卢比储备。

1908 年　在加尔各答按照 1 先令 3 又 29/32 便士兑换 1 卢比的价格出售伦敦的英镑汇票,兑现资金来源于金本位储备金。

1910 年　发行 10 卢比和 50 卢比的通用法定货币,[②]并定向发行与英国金币兑换的纸币。

---

① 1898 年和 1900 年的临时法案也有相同的效应。

② 这项法令规定,100 卢比的现钞从 1911 年开始全流通。

1913 年　　皇家印度金融与货币委员会成立。

我在前文已经阐述了这一连串措施的实际效应。但是由于印度卢比法律地位的复杂性和特殊性，所以值得作一个准确的说明。1893 年以前，政府受到《1870 年铸币法》发行卢比的约束，卢比只能按比重与银锭相交换。1868 年，当时仍然有效的印度总督的公告表明，国库也按照 10 卢比 4 安那等于 1 个沙弗林的价格接受沙弗林。这一通告取代了将兑换率固定为 10 卢比的 1864 年通告，但（因为 10 卢比 4 安那的黄金兑换价值已经跌到低于 1 个沙弗林的价值了）一直没有生效。1893 年的法案只是一个废除法令，颁布这一法令只是为了废除 1870 年法令的那些条款，1870 年的法案允许民间自由铸造印度卢比银币。同时（1893 年），1868 年的公告也被新的公告取代，新公告通知说，国库将按照 15 卢比兑换 1 个沙弗林的固定价格接受卢比。《1882 年纸币法案》发布了一个通知，定向发行可以按照 15 卢比兑换 1 英镑的价格兑换黄金的纸币。以黄金为基础定向发行卢比一直受到一系列公告的规制，其中，第一个公告发布于
1893 年，截至 1906 年，卢比的发行要么以金币为基础，要么以金块 7
为基础。但自 1906 年开始，卢比发行只能依据沙弗林和半沙弗林。除了这些公告以外，《1899 年法案》还宣布，英国法币沙弗林与卢比的比价为 15 卢比兑 1 个沙弗林，这一法令的间接影响，是使政府用金币赎回纸币并拒收白银成为可能。最后，《1910 年纸币法》将政府发行纸币的基础限制在英国金币范围内。

因此我们可以看到，无论哪部法令，都没有废弃 1 个沙弗林兑换 15 个卢比的兑换比率，只是具体执行人员在随意的更换通告。进一步说，法令和公告都没有对金本位储备金的管理作出规定，对

金本位储备金的管理只是依据行政惯例；也就是说，印度的政府票据和伦敦英镑汇票的出售，都是时不时地改变通告的行政自由裁量规制的结果。

我们这里所强调的是这一货币体制成长的渐进性以及现有立法的过渡性质。现在的问题是，新法令中或许存在某种可能巩固和澄清货币这一地位现状的东西，但在放任行政自由裁量的同时，也确实存在这样做的一些理由。

上述各种措施的结果是，尽管卢比依然是印度的本币，但政府
却采取各种措施来保证卢比按照大致固定的汇率与国际货币的兑
换。印度货币体制的稳定性，取决于印度政府持有的卢比铸币储
备金的充足性，使它们能够从始至终保证国际货币与本币的兑换；
以及英镑充足的流动性，使他们能够在有需要的时候，将国际货币
兑换为本币。我们在后文中还将继续讨论印度货币体制的这一特
征，事实上，这一特征绝不是印度所独有。这些特征是：第一，交换
8 的实际媒介是有别于国际货币的本币；第二，政府更愿意用国际货
币（黄金）在外汇中心（伦敦）用应付票据赎回本币（卢比），而不愿
意在当地赎回；第三，政府有责任在需要的时候，为交换国际货币
提供本币，以及将国际货币兑回本币。为达成这两个目标中的任
何一个目标，政府必须持有两种储备金。

我将在下面的章节中讨论这些特征。我觉得以讨论第二个特征为起点、也就是说，我们一开始就采用通常的方式，讨论印度货币体制最突出的一点，即为学者们所熟知的**金汇兑本位制**。然后，我们将在第 3 章和第 4 章论纸币和论黄金在印度的现状以及金币提案中，讨论第一个特征。在第 6 章论印度事务大臣的储备金中

讨论第三个特征。

但我们在讨论印度货币体制的这几个特征之前，还是值得强调一下并非为这一制度所特有的两个方面。首先，这个用规制将卢比维持在 1 卢比等于 1 先令 4 便士的制度，与卢比是价值 1 先令 4 便士金币的制度不同，它不会对价格水平产生影响。稍后我们再对一种间接且无关紧要的影响方式进行解释。而金币制度会对价格水平产生影响。只要卢比值 1 先令 4 便士黄金，在商人或工厂主确定自己的产品价格的时候，就不会考虑卢比铸币的金属材质。由于卢比是白银铸币，因此对价格的间接效应与使用无论何种交换媒介比如支票或纸币的效应相似，所以也节省了黄金的使用。如果所有国家都节省了黄金的使用，全世界的黄金就不值钱了，也就是说，黄金的现有价格过高了。但因为这一影响遍及全世界，因此，在所有节省使用黄金的国家，价格效应相对而言小一些。总之，一项导致印度大量使用黄金的政策，将会因为世界市场上黄金需求的增加，在某种程度上降低了用黄金计量的世界价格水平，但却不会引发印度商品与非印度商品的相对兑换价格出现任何值得考虑的变化。 9

其次，虽然通过规制确实将卢比价格维持在或接近于 1 先令 4 便士的价位，但也并不是说，一旦将金价定为 1 先令 4 便士而不是其他，货币流通量将完全取决于政府政策或者官员们的奇想。[①]

---

① 1910 年，尊敬的达达布霍伊先生在事务委员会提出，“白银价格进一步下跌的有害影响，可以由政府通过进一步减少货币流通量并因此使卢比进一步稀缺而中和，还可以由政府将金本位储备金维持在更高水平，甚或，政府还可以更频繁地从市场收回政府票据而使有害影响中和”。当然，通货的收缩可能不会产生假设的效应，但事实上，政府也不能用我们所描述的方式引发通货的收缩。

与其他国家一样，货币体制的这一个部分，完全不受意志支配。只要有人用沙弗林清偿债务，政府就有义务提供卢比，政府也常常允许或者鼓励在伦敦以及印度用沙弗林清偿债务，否则政府就没有能力或机会迫使沙弗林进入流通。政府只能在两件事情上行使自由裁量权。第一，为了政府总有完成这一义务的可能性，必须维持一定量的卢比储备金，正如本国的某些权威机构——事实上就是英格兰银行——必须持有白银辅币和沙弗林铸币的储备金，但又不能在他们的金库里存放太多的非铸币或外国黄金一样。这个储备金的规模也属于印度政府自由裁量的范围。在某种程度上，他们必须预先考虑并满足铸币的产量需求。但如果他们计算有误，铸币超出了他们的需求，新的卢比必须置放于政府自己的金库里，直到需要用为止，但新卢比在流通领域中现身的时间，不在政府决定权范围之内。第二，政府可以采用拒绝为交换伦敦的沙弗林提供卢比的方法，也可以坚持采用将沙弗林送往加尔各答的做法，以短时间拖延对卢比的需求。有时候他们确实会这样做，但大多数
10 情况下，他们会接受伦敦付出的沙弗林。详细的原因稍后将有解释。在这两种情况下，政府这一行为对货币流通量的永久性影响微不足道。它所造成的流通量的差，与政府在自由裁量范围内征收一笔不超过铸币成本的铸币费造成的流通量的差，相差无几。①

① 政府权力之于货币流通量这一问题，将在第五章作更详细的讨论。

第二章　金汇兑本位制

如果我们打算从一个适当的角度来探讨印度货币体制，有必要脱离主题，用一定篇幅讨论一般情况下的货币演进。

首先，我的目的是要揭示出英国货币体制的特殊性，以及它不适用于其他条件的特性；其次，传统“理想”货币的观念，主要来自于英国货币体制的某些表象部分；再次，其他大多数国家已经存在具有某种差异的货币体制；最后，印度发展起来的这一货币体制，本质上与这种外来形式一致。我将在本章考察货币体制的一般特性，但不考察货币体制运行的细节。

与我们当前研究目的有关的货币史，主要始于 19 世纪。1826—1850 年，全世界唯独英国拥有一个以黄金为基础的正统的“理想”货币体制。在这一货币体制中，黄金是唯一的价值标准，它可以自由转手流通、自由输出。到 1844 年，作为实际交换媒介的纸币，已经显示出强势替代黄金的趋势。但是，当年的银行法成功地阻止了用纸币来替代黄金的趋势，鼓励用黄金作为价值标准和交换媒介。这一法案在阻止试图用纸币来节省黄金方面大获成功。但这一银行法未能阻止支票的使用，在接下来的五十年中，在纸币和代币的使用没能发展起来的情况下，支票这一交换媒介的使用却获得了重大发展，英国出现了一个比其他国家都能更好地节省

12 黄金的货币机制。英语世界的其他国家比如加拿大、澳大利亚、南非以及美利坚合众国,都仿效英国,开始使用支票。但是在其他国家,货币体制主要沿着不同的路径演进。

在英格兰现代银行体制发展的早期阶段,并不常常需要使用黄金来应对银行储户的挤提,银行储户在艰难时刻总是会陷入恐慌状态,担心自己在真正有需要的时候,无法提取自己的存款。随着银行体制稳定性的增长,尤其是银行储户相信银行体制稳定性之信念的增长,偶尔一现的恐慌也越来越不常见,英格兰银行发生具有危险性的挤提事件,已经过去很多年了。因此,大不列颠的黄金储备不再着眼于以应付这类危机为目标。大不列颠的金币有三个用途:作为交换媒介用于某种现金支出,用于习惯上需要以现金支付的地方,比如乘坐火车;用于支付工资;或者用于向海外支付现金。

在前两种用途中,黄金需求波动的重要性逊于第三种用途,我们通常可以非常准确地预测到,比如休假期间、季节转换之际以及周末或者收获季节黄金需求的波动。第三种用途的需求波动幅度更大,除了正常的秋季资金外流之外,不太容易预见。因此,我国的黄金储备政策主要受制于对可能的出口需求的考虑。

为了防止黄金流出海外,英国发展出了一个复杂的机制,该机制在运行细节上是英国所特有的。如果外国人选择用黄金结算,并让我们立即支付应付账款,我们又没有同样可以让他们立即支
13 付的相应账目抵消他们的结算要求,那么,黄金就会流出海外。如果我们可以迅速使用相应账目来抵消这种结算要求,就能停止黄金的流出。当我们开始考虑在这一方面如何才能做到最好时,人们就会注意到,一个在国际短期信贷市场上主要处于债权国地位

的国家，与一个在国际短期信贷市场上主要处于债务国地位的国家相比，区别非常大。如果是债权国，比如大不列颠这类国家，主要问题是削减贷款数额；如果是债务国，主要问题就是增加借款数额。适用于第一种行为的机制或许并不适用于第二种行为。规制黄金外流的“银行利率”政策能在英国大获成功，一半是由于这个机制的作用，一半也是由于伦敦货币市场这一特殊机构的作用，不过，如果不借助于其他机构之力，不可能处处管用。从本文的研究目的看，我们没有必要仔细考察银行利率的变化如何影响到即期借贷差额。但我们必须要说，银行利率的变化会约束这些经纪人，即英国短期信贷基金和外国融资需求（主要是贴现拿出来的票据）之间的中介人，使他们新签订的业务量少于之前签订而现在已经到期的合同数额，并因此承担必须抵消国外结算要求的责任。

因此，英国货币体制的基本特征如下：使用支票作为主要的交换媒介，运用银行利率来管理国际即期借贷差额（因此通过进口和出口来管理黄金的流动）。

外国货币体制发展成目前这种形态始于19世纪的最后二十五年。当时，伦敦正处于金融霸主地位的巅峰，伦敦的货币安排经受住了时间和实践的检验。正因为如此，外国货币体制从一开始就受到英国货币体制的极大影响，将英国货币体制的基本原则视为自己的基本原则。但让外国观察者印象深刻的是英国人荷包里 14
的沙弗林，而不是英国人桌上的支票簿。而且，他们更关注银行利率的效应和每逢周四的董事会决议，而不是具体的经纪人机构和伦敦货币市场的效应以及大不列颠债权国地位。这使他们更愿意模仿这一制度的形式而不是实质内容。一旦引入了金本位制度，他们也同时设定了金币为货币。在有些情况下，他们还根据英国的模式设立了官方银行利率。德国在1871－1873年建立了这种制度。即使到现在，德国国家银行的代言人有时候在发表讲话时，还摆出一副与英格兰银行同样的神气，仿佛他们自己的银行利率多有效似的。尽管从表面上看，德国的货币体制某种程度上模仿英国货币体制建立，但实际上迫于各种条件，德国货币体制与英国货币体制有本质的不同。

本文没有必要考虑每个货币体制的全部细节。但如果我们要考虑的话，也要将考虑范围限于欧洲诸国家，比如法国、奥匈帝国、俄罗斯、意大利、瑞典或荷兰。这些国家多数都建立了金币本位制，并有官方银行利率，但各个国家都不是以黄金作为主要交换媒介，没有哪个国家把银行利率作为唯一防止黄金外流的管用工具。

我将在第四章分析印度货币体制中黄金的现状时，对黄金替代品的使用进行讨论。然而，大不列颠以外的其他国家一般都用什么工具来支持"失灵"的银行利率呢？粗略而言，这种工具有三个。第一要持有大量黄金储备，这样就能泰然自若地面对大量的黄金流出；第二可以部分暂停黄金的自由支付；或者第三，有国外借款以及在必要时可以动用的外国票据。大多数欧洲国家的中央银行(在不同程度上)依赖这全部三个工具。

15 法兰西银行在正常情况下使用前两个工具，①持有外国票

① 比如，1912年11月，"除非有最紧迫的需求，法兰西银行已经没有了黄金的柜台交易，而且，黄金最高交易量为每人300法郎。其他银行则依循这个成例，把黄金最高交易量定为200法郎。所有的货币支付都收取1%的费用。与此同时，黄金存款也会在借方计入1%的费用"(见1912年12月，《银行家杂志》，1912年12月，第794页)。月初，每购买1000法郎黄金而不是白银，出纳官将收取6法郎的服务费或者佣金。见《经济学家》，1912年11月9日，第961页。

据对法兰西银行而言无关紧要。[1] 法兰西银行的利率基本上并不是视国外的情况而定，利率的变动通常是为了影响国内经济（尽管这种变动也会受外部经济的影响，并对外国经济产生影响）。

德国正处于转型阶段，并公开坦诚不满足于自己的现状。从理论上讲，德国的安排似乎是这样：德国模仿英国模式也以银行利率为行为基础，但实际上，德国的银行利率不太容易有效发挥作用，通常还必须由德国国家银行对货币市场其他因素施加更多无形压力来强化利率的作用。德国的黄金储备也没有充足到足以作为首要应急工具的地步。实际上，黄金的自由支付有时候也会部分暂停，[2]尽管他们是无耻的偷偷摸摸做这些事情。目前，德国国家银行日渐依赖于自己手中持有的外国汇票和信贷的变化。几年前，这类资产还微不足道。下表显示出（原文第 16 页）外汇和信贷在德国国家银行的金融账上急剧增长的情况。德国银行当局已经明白，他们在国际短期信贷市场上的现状并不允许他们在固定了银行利率后，便袖手旁观事
态的发展。 16

① 尽管法兰西银行只有在非常特别的情况下，比如 1907 年年初和年末，以及 1909 年年末，才会持有大量外国汇票（一般是英镑汇票），外国纸币则是通过大的信贷银行代理机构大量进入法国货币市场参与交易的。这些机构都将外国汇票看成自己组合资产的一部分，并通过在法兰西银行再贴现国内汇票而获取必要的资金。因此，与人们看见的表象相比较，法国的货币机制与英国的货币机制更为相似。法兰西银行的影响与英格兰银行的影响一样，主要都是间接影响。这种可能性无疑在于在国际短期信贷市场上，法国和英国一样，都是债权国。

② 比如，1912 年 11 月，黄金出口就有近 3/4％的升水。

德国国家银行持有的外国票据(剔除了外国信贷)

	年均(镑)	最高(镑)	最低(镑)
1895	120000	152000	100000
1900	1270000	3540000	160000
1905	1580000	2490000	970000
1906	2060000	2990000	830000
1907	2223000	3000000	1130000
1908	3544000	6366000	977800
1909	5362000	7978000	2824800
1910[1]	7032000	8855000	4893300

1　1910 年以来,德国国家银行的年度报告中再没有出现这些数字。

德国国家银行每年年底最后一天向外发布的外国票据和信贷的持有数额

12 月 31 日	票据(镑)	信贷(镑)	总额(镑)
1906	3209000	993000	4202000
1907	1289000	503000	1792000
1908	6457000	1234000	7691000
1909	6000000	3369000	9369000
1910	8114000	4205000	12309000
1911	7114000	1439000	8553000
1912	—	—	—

如果我们从其债权国地位与大不列颠完全相同的法国,以及无论如何都能通过在国际市场上大量销售证券而纠正其即期债务差额的德国,转而看看其他财力较小的国家,就能发现,这些国家的中央银行对外国票据和外国信贷的依赖,以及他们允许黄金升水的意愿和银行利率日益明显的乏力。我们首先会非常扼要地给
17 出一两个重要事实,然后,我将讨论其深层涵义,但我的最终目的是讨论这些事实之于印度事务的意义。

为了阐明一个完全且自动的金本位机制在欧洲多么罕见,我在这里以最近一次银根紧缩,即 1912 年 11 月的银根紧缩为例。

当时，巴尔干战争激战正酣，但欧洲只是显示出一种中度的紧缩状况。与 1907 年年底的危机相比，这时各国的金融形势还比较平静。但在这一个月中，在法国、德国、俄国和奥匈帝国①以及比利时，黄金升水约 3/4%。如此之高的升水就像银行利率大幅上涨一样，起到了保留黄金的效果。比如说，如果升水没能持续上涨超过了三个月，那么，这段时期内一笔临时存款基金增加的利润，就与贴现率上涨 3%相同。或者反过来说，如果值得将资金送往国外，就会要求一个 3%的额外利润。

我们在上文已经讨论过外国汇票在德国国家银行的证券组合资产中日益增长的重要性。奥匈银行的政策工具中，外国汇票和信贷的重要性，早已名声在外，也为人们所熟知。外国汇票和信贷一直是银行储备的重要组成部分，也是只在紧迫时刻才能使用的一个工具。② 据推测，1911 年的第三季度，奥匈帝国银行将价值不少于 400 万英镑黄金的汇票，投放到了奥匈市场以支持汇率。在欧洲国家中，俄国以外国汇票和国外结存形式持有的资金总额最多，1912 年 11 月共达到了 2663 万英镑。③ 而且我们注意到，斯堪德纳三国，即瑞典、挪威和丹麦的储备总额中，以国外结存形式持 18
有的最高比例，在 1919 年 11 月共达到了 700 万英镑。就我的研究目的来说，这些例子已经足够了。

① 这个升水使奥匈帝国银行有了行使自己权利的可能性，拒绝自己的纸币与黄金自由兑换。

② 然而，在近期（1912－1913 年）这种不正常的情况下，银行发现自己不可能将这部分储备维持在这么高的水平上。

③ 不包括俄罗斯财政部会计账上的海外资金。俄罗斯财长于 1913 年 3 月在杜马预算会议上说，俄罗斯存放于海外的国家资金总量为 6000 万英镑。

欧洲国家银行的储备资产中，外国汇票或外国信贷这一部分呈现出不断增长的趋势，个中有什么深层次涵义呢？我们在前面说过，英格兰银行采用间接方法，使货币市场的对外短期贷款减少，因而使即期债务差额转而有易于我国，所以，英格兰银行的银行利率政策十分有效。但对那些已经成为国际货币市场借款人而不是贷款人的国家来说，这种间接政策未必有效。在这类国家中，不可能指望银行利率的提升能够迅速产生出期望的效应。因此，中央银行必须运用直接政策工具。如果一国的货币市场不是国际货币市场的贷款人，这个国家的银行就必须努力在某种程度上成为贷款人。英格兰银行贷款给持有汇票或其他资产并在国外放贷的中介人。银行利率的提升等于是给中介人施加了降低银行承诺的压力。那些货币市场相比较于外国不那么发达且无法自给自足的国家，其中央银行如果想要寻求安心的话，必须亲自掌握事态的发展，并在短期内亲自以贷款人身份进入国际货币市场，而且要使自己放在国外的资金，在有需要的时候可以迅速撤回。唯一的选择就是持有一笔数额巨大的黄金储备，但这笔储备的费用可能无法承受。新的方法集安全和经济于一身，就像每个人都知道的那样，较之将自己的全部储蓄以现金形式放在家中，将其存入银行，既方便又很安全。所以，我们现在进入了货币演变的第二个阶段。国家现在也渐渐明白了，将银行现金储备中的某一部分（现在我们
19 还不能说得太多）存入国际货币市场，或许更为适当。这并不是二流国家或者贫穷国家的权宜之计，而是所有已经获得了金融霸权、自身实际上并不是国际银行家的国家的权宜之计。

这四十年间，在这个世界向金本位制发展的过程中（但并未因

此放弃自己的本币纸币或银铸代币),并因此发展出除去金块储备和银行利率之外的两种手段来保卫本币。第一种手段是允许本币与黄金汇率的微小波动,最大波动幅度可以偶尔允许黄金升水$\frac{3}{4}$%。这种方法有助于克服季节性或短期内的银根紧缩难题,不至于将纯粹取决于本地交易的贴现率提升到危险的水平。第二种手段是让政府或者央行持有海外储备金,这笔储备金可以在有需要的时候,用于维持本币的金平价。

现在我们再回过头来探讨印度货币,并看一下印度货币与其他国家货币的关系。衡量标准的一端,是大不列颠和法兰西,也即短期信贷市场的贷款人。① 衡量标准的中端是德国,德国相对于她的许多邻国而言,是贷款人,但相对于法兰西和大不列颠以及美利坚合众国,却是借款人。紧接德国之后的是俄国和奥匈帝国,这两个国家富裕并且强大,拥有大笔黄金储备,但却是借款国,在短期信贷市场上依赖于自己的邻国。追溯这些国家货币的脚步,我们很容易就能转而讨论亚洲那些贸易大国,比如印度、日本以及荷属东印度的货币。

我要说,从讨论俄国和奥匈帝国的货币转而讨论明确称为金 20
汇兑本位制的那些国家的货币,是非常容易的一步②。金汇兑本

① 我有意忽略美国在这个问题上的现状。美国的发展和现状都比较异常,还宣布说没有模仿人。美国的安排需要由他们自己讨论,我认为可能对研究印度的学者传递不了多少有价值的经验教训。要说他们依赖谁,他们差不多是盲目地模仿印度。

② 我可能说过,日本好像也是名义上的金汇兑本位制,但日本的情况不是这样。日本并没有太多地宣传自己的货币安排。但是我相信,事实上,日本的货币体制可以公正地分类为金汇兑本位制。1912 年,财政大臣在国会发言说,政府和日本银行在欧洲以及美国存放的黄金基金大约为 3700 万英镑。我相信,日本国内过去的流通量无足轻重。

位制只是相同货币体制的规范形式。印度和奥匈帝国(我们以这两个国家为例)货币体制中具有的基本特征和货币逻辑,实际上并无差异。我们知道,印度绝对限制卢比交换价值的波动;我们也知道,政府用黄金和信贷形式持有的海外储备的精确数额;我们还知道,政府在哪一时刻会介入市场,会利用这些储备来支持卢比。奥匈帝国的货币体制不具有自动机制,银行拥有较大的相机抉择权。当然,从细节上看,也还存在很多差异。印度储备中的海外信贷比例较高,而且印度持有的这一信贷形式的流动性较低。印度也在伦敦存有一部分黄金储备,因为这种做法,使得伦敦对印度而言不再是严格意义上的国外金融中心。另一方面,印度或许比奥匈银行更乐意按需求提供黄金。如果我们根据近年的经验进行评价,印度倾向于使用黄金储备,奥匈银行则倾向于首先使用外国信贷。但从金汇兑本位制的实质看,这两个国家都比较一致:使用的本币大部分不是黄金;在某种程度上都不愿意在国内让黄金与本币交换;都非常愿意按最高价格出售外汇以兑付本币债务;都愿意用海外信贷来达成这一目的。

21 将金汇兑本位制描述为只是包括19世纪最后二十五年中欧洲国家已经发展出来的某些安排,当然不能证明问题的正确性。但是,如果我们不把金汇兑本位制看成当今货币领域中的一个例外,而是看成货币体制发展中的一个主流,我们就能从对这种货币体制的评价中吸取大量的经验,或许,这也正是对其进行详细评价时的更好角度。现在,有很多关于金本位要严格拥有黄金铸币之类的无稽之谈。如果我们说到金币时是意指这样一种状况,即黄金在总体上是一国主要的或非常重要的交换媒介的话,那么,世界上没有哪个国家存在过这样的事情。① 黄金是一种国际货币，但不是本币。每个国家的货币问题是，在有需要又无法获得国际货币的条件下，确保自己的货币不能出现风险，所以要持有一笔真金，必要时可以动用其中与所需数额相符的部分。适用于每个国家的解决方法，都受制于该国在国际货币市场的地位，以及该国与主要金融中心的关系，受制于不明智地干扰了货币运行的国家惯例。要想解决这个问题，就必须对金汇兑本位制进行评价。

到目前为止，我们一直重点讨论的是货币的转型体制。我将通过对金汇兑本位制历史的扼要阐述，来结束本章的讨论。然后，我们将从高度概括的讨论转而探讨印度货币体制的具体细节。

对金汇兑本位制的研究使人们发现，只要黄金可以根据与本币最近似于固定价格的价格偿付**国际**债务，相对而言，本币实际上采用什么形式无关紧要。

据此，一旦黄金不能在一国以相当可观的程度流通，一旦本币
并不必然与黄金兑换，而且，一旦政府或者中央银行按照本币兑换 22
黄金的最高固定价格就对外汇兑条款作出安排，那么，某种程度上就必须要有一个可以提供这种黄金对外汇兑的海外储备。

实际上，18 世纪下半叶，一种与金汇兑本位制极为相似的货币体制被用来规范伦敦与爱丁堡之间的交换。在有关金本位的论战中，李嘉图首次从理论上提出了这一货币体制的优点。李嘉图指出，一种声称可以替代黄金并与黄金等价且由廉价物质构成的通货，是货币的最佳形式。他建议，可以制定**金条**(不是金币)与纸

---

① 埃及除外。

币交换的法定价格来保证外汇的可兑换性。这样，黄金就可以只用于出口，也可以防止黄金进入国内流通领域。在发表在 1887 年《当代评论》上的一篇文章中，马歇尔博士为引起实业人士的注意再次提出了这些优点。

最近，荷兰率先提出了建立这类货币本位的初步尝试，并于 1877 年暂停了银币的自由铸造。不过，荷兰的通货依然由白银和纸币组成。自那时以来，一旦有需要，银行就会定期提供黄金用于出口，同时，银行还利用自己的权力，尽最大可能地限制在国内使用黄金。因此，荷兰维持了黄金与白银和纸币的固定价格。为了保持这一货币政策的可行性，荷兰银行一直保持了一个适当且尽
23 可能少的储备。这一储备一半是黄金，一半是外国汇票。[①] 在实施这一政策的长时间内，这一政策几经严峻考验，但都成功地经受了考验。

然而我们必须注意到，尽管荷兰将持有黄金和外国汇票作为可以在任何时候获取海外信贷的手段，但荷兰并没有在任何一个海外金融中心拥有一个信贷额度。采用海外信贷的方式按固定金平价持有代币储备的方法，是俄国在由不可兑换纸币向金本位转

---

① 然而，在过去二十年里，荷兰银行已经处理了庞大的银币储存中的绝大部分，与以前相比较，荷兰银行现在更多地依赖于自己的黄金储备，不太依赖于外国汇票。1892—1893 年，外国汇票为 1801409 英镑，占其全部财富的 16%（不包括银币）；1911—1912 年，外国汇票减少到 1389139 英镑，大约为全部财富的 5.5%（不包括银币）。但是，交换媒介依然是纸币和白银，不少于之前银行为奉行推动出口而持有黄金储备的政策时所持有的数额以及从流通中扣除的量。荷兰银行的全部黄金储存都采用的是金块和外国金币的形式。（但我要多说一句，1912 年年底，为避免重新开铸新的银币，有提案建议引入 5 荷兰盾一枚的金币[弗罗林]。）

型期间，由维特伯爵首次提出并采用的。因此在1892年秋天，财政部提议，按买入价2.18马克/卖出价2.20马克的价格在柏林进行交易。同年（1892年），与上述货币体制相关联的货币体制也在奥匈帝国建立。与印度一样，他们的汇率政策也在逐渐演变。1896年以来的货币安排，受到公众强烈偏好纸币而非黄金的左右，也受到发行纸币必须持有足够偿付的外国汇票的法律条款的左右。由于奥匈帝国银行显然是维也纳外汇市场最大的交易者，所以汇率政策的实施更为从容，就好像印度政府的政策是由施加于外汇市场的政府票据权威性影响而实施便利一样。

然而，虽然印度不是第一个带头实施金汇兑本位制的国家，却是第一个全面采用这一体制的国家。1893年，根据赫歇尔委员会的建议以及听从印度货币委员会的鼓励，印度停止了白银的自由铸币。人们认为，停止自由铸币以及印度事务大臣拒绝以低于1先令4便士的价格出售自己的政府票据，足以满足建立这一汇率的条件。当时，政府并不具有我们现在具有的经验；现在我们知道，除非形势有利，否则这些措施本身并不够用。实际上，一开始形势就不怎么有利。汇率下跌严重，并大大低于1先令4便士，印度事务大臣不得不出售所有他能搞到手的政府票据。如果在停止
白银自由铸币的时候，对通货的需求在现有价格水平上急剧增长， 24
采用好的措施就会马上获得成功。但是，当时对通货的需求并没有增长，而且，在停止白银自由铸币前后立即大量发行的纸币，已经充分满足了未来几年的需求，所以才会出现1903—1907年对新货币的需求反常偏高（同时贴现率也偏高）的现象。然后，对货币的需求又戛然而止，接下来的1908年，是一段贴现率相对较低的

时期。但有利的形势终究还是出现了,1898 年 1 月,汇率稳定在了 1 先令 4 便士的水平。随后,福勒委员会建议,将金本位作为最终目标。从那时开始,印度政府便采用了今天的货币体制,或者说,印度货币体制不期然而然地成了我们今天所见的货币体制。

印度一直采用的金汇兑本位制形式被称为林赛方案。在印度货币问题最初引起关注的时候,孟加拉银行副行长 A. M. 林赛先生就在最早的讨论中提出并倡导这种货币体制。林赛先生一直坚持认为,“不管他们怎样,他们都必须采用我的方案”。1876 年和 1878 年他第一次提出了这个建议,1885 年又提了一回。1892 年,在他发表的题为《李嘉图的汇率药方》一文中,他再次提出了这一方案。最后,他在 1898 年的福勒委员会会议上详细解释了自己的观点。

林赛方案受到了政府官员和金融界重要人物的严厉批评。法勒爵士认为他的方案“就普通英国人的智力而言,认为所有货币都直接以有形黄金为支撑的偏见,太过根深蒂固,所以这一方案太过新颖独特了”。罗思柴尔德爵士和约翰·卢伯克先生(埃夫伯里爵士)以及塞缪尔·蒙塔古先生(后来的斯韦思林爵士),都在福勒委员会会议上作证,任何货币体制如果没有有形的金币,看上去都会让人产生怀疑。阿尔弗雷德·罗思柴尔德先生甚至说:“在他看
25 来,没有金币的金本位制绝无可能成功。”除非实际经验为他们提供了证明,否则,不会允许出现这类金融活动。因此,后来他们很少支持所谓的新方案。

由于印度的货币体制已臻完善,体制的条款也逐渐为人了解,所以在亚洲和世界各地都有国家模仿这一体制。1903 年,美国政

府以印度货币体制为基础，公然把类似的货币体制引入了菲律宾。此后，美国政府又在墨西哥和巴拿马建立了这种体制。暹罗政府随之也采用了这种货币体制。法国也在印度支那引入了这一制度，大英帝国的殖民部也在海峡殖民地和西非殖民地引入了这种货币体制。受荷兰影响多年的爪哇群岛上也有类似的体制存在。实际上，日本体制的做法也一样。而中国的货币改革，众所周知还没有完成。金汇兑本位制是唯一一种可能将中国引向金本位制的途径。另一种让人满意的政策（英国外交部的政策）是银本位制。美国的一种强势政府的观点偏向于以印度模式为基础，直接引入金本位制度。

这样我们就可以公平地说，在最近的十年中，金汇兑本位制已经逐渐成为亚洲的主要货币体制。我力图在这里表明，亚洲盛行这一制度也与欧洲的主要流行趋势紧密相关。作为一名理论工作者，我相信，这一货币体制包含一种未来理想货币的基本要素，即人为地维持廉价的本币与国际货币或无论什么本位币的平价。下面我们将转向细节的阐述。

26

第三章　纸币

印度货币体制的主要特征已经在第一章做了大致描述。现在我要讨论纸币的发行体制。

按现行条件，作为代用币的卢比，实质上是银质的银行券。从小额支付考虑，人们使用铸币是出于一种习惯和便利，但就其本身来说，是一种浪费。政府发行卢比的时候，并没有一个与铸币名义价值总额相符的准备金，只是保有一个名义价值和白银耗费的差额。[1] 因此，就大额支付而言，从经济的观点看，重要的是应该最大可能地鼓励使用纸币，用这种方法，政府就可以获得支持金汇兑本位制所必需的大部分准备金，也只有这样，才能在货币的周期性供给中引入一定程度的灵活性。

由于1839－1843年的《特许法案》，孟加拉、孟买和马德拉斯的管区银行都受托发行即期应付票据，但票据的使用实际上只限于三个管区城市。[2] 1861年，当局首次发行纸币，这些法案也随之

---

① 卢比含有3/8盎司11－12纯度的白银。如果标准白银是每盎司24便士，对政府来说，1卢比的成本大约是9.181便士。如果每盎司是32便士，那么1卢比的成本大约是12.241便士。从1910年到1912年5月，卢比铸币的平均利润率大约是正常价值的42％。

② 见第140—141页。（译按：本书行文中所说页码，皆指英文版页码，参见中文版边码。）

被废止。从那时以来，印度政府不允许任何银行发行纸币。

1859年，作为第一位去过印度的财政官员，詹姆斯·威尔逊着手提出政府发行纸币的提案。[1] 但在提案生效之前，威尔逊先生就过世了。1861年，这项提出构建纸币方案的法案成为正式法 27
律，但某些重要方面与威尔逊先生最初的提法存在差异。[2] 这一体制的最终建立受到当时盛行的要合理管制纸币发行这一强硬思想的影响，也是1844年英国银行法终结了的英国经济学界大争论的结果。按照这些思想，纸币发行的合理原则有二：第一，纸币发行职能要与银行业务职能完全分离；第二，“以政府证券为基础发行的纸币数量，应该有一个固定数额，应该限制在已被经验证明是一国货币交易所必需的最低数量范围内，必须有金币或贵金属准备才能追加发行相应数额的纸币。”[3]这些原则是正统原则，所有其他原则都“不合理”。印度事务大臣写道：“规制纸币流通的合理原则是指1844年英格兰银行法强制实施的原则。”英格兰的银行家们当然立刻着手恢复经济，恢复政府使用其他手段从英国货币体制中清除（而1844年银行法所规定）的货币灵活性。由于他们的努力，支票体系也已成功地发展到了当前这种尽善尽美的状态。国外为了规制纸币的发行，已经尝试过了所有的新规则，其中有些规则非常有用。不过，印度仍在使用1861年条款，但因为一些不可预见的际遇，其中有些词语的含义已经发生了变化。旧制度的

① 具体历史细节参见J. B. 布伦亚特的《关于管区银行的报告》。

② 威尔逊先生提议，用准备金的大部分（可能是2/3）投资于政府证券。

③ 引自印度事务大臣信件中批评威尔逊先生原方案的部分（1860年3月26日，致查尔斯·伍德爵士）。

漏洞也可以用作某些用途。当然，准备金中的绝大部分都是卢比金属币。1861年，这些自由铸造金属币的价值，不会超过贵金属价值本身。卢比一旦成了人为制作的有价金属币，就不言而喻具
28 有了准备金的法律形式（尽管一段时间之后沙弗林成了最佳选择）。因此，如果当局愿意，他们就可以放手以卢比硬币的形式持有全部通货准备，而且（正如我们将在下文看到的那样），这一准备还成为了货币机制的一个重要部分。通过这一机制，银卢比的供给得到了充分管制。但我认为，一旦纸币的发行本身演化成了一种重要的机能，如果相机抉择权可以使得货币准备金的用途大大增加，利用这一用途来充实印度货币市场机制的时间就已经到来。本章的后面我将返回来详细讨论这一点。现在，我将转而讨论纸币，但是在我们考虑纸币是如何演进的时候，我们一定不要忘记纸币起源的背景。

在纸币面世的头四十年，虽然政府发行的纸币在一国通货体系中只占很小的部分，但其重要程度却一直在增加。这种现象部分源于一种现在已逐渐废除的安排，即为了纸币的流通，印度被有效地分成了几个相互独立的地区，这些“管区”（他们这样称呼）现在一共有七个①，与印度的主要省份大致相符。发钞办公室如下：

加尔各答——孟加拉、东孟加拉以及阿萨姆邦

坎普尔——联合省

拉合尔——旁遮普和西北边境省

① 1910年做出了一个安排，在此之前存在4个管区和4个次管区。这里不值得再来解释管区与次管区过去存在的关系。

马德拉斯——马德拉斯管区和古尔格

孟买——孟买和中央省

卡拉奇——信德省

仰光——缅甸

纸币[①]采用的是见票即付的政府本票形式。票面数字有5卢比、10卢比、50卢比、100卢比、500卢比、1000卢比和1万卢比七 29
种。因此纸币的最低面值为6先令8便士。任何发钞办公室都可以无限发行纸币，并用纸币兑换卢比或英国金币，或者（根据总监理官的要求）兑换金条。[②]

截至1910年，这些后续安排依然有效。

每张钞票都是其发行管区内的法币。任何管区的现钞都可以由政府见票即付，如果铁路公司收了任何一个管区购买车票和货运票的纸币，也可以从政府那里按票面面值收到相应的钱。

然而直到最近，仍然没有一张纸币能在自己的管区之外获得法币地位，见票即付也只能在这些钞票最初发行的那个城市的发钞办公室实现。

此外，这一法律没有提出强制支付的义务。然而，为了公众的方便起见，每个发钞办公室会在自己的能力范围内，兑现其他管区发行的钞票。在一般情况下，每个政府财政部门（大约有250个）都能兑现或交换钞票，当然，如果他们这样做没有什么不方便的话。如果提供大额钞票兑现或交换有所不便，一般来说，也会为旅

① 下面描述的法律条文的含义，参见《英属印度统计》第4部分(a)。

② 更多的细节见本书第6—7页。

行者提供小额兑换。

我们很容易就能理解做出这些规定的理由。印度是一个大国，在这个国家，贸易条件导致金属币的使用年年都在此消彼长。从收获秋粮的旺季开始，大量的卢比就会从省会城市流向县城。在早春时节，人们又把卢比带到缅甸，资助稻米的耕作。如此这般，到了夏季，卢比又慢慢再次回流到省会城市。如果政府同意在很多中心城市兑现这些纸币，那么，政府自己就承担了在一年的不同季节中铸币流动的成本和责任。一旦一个国家习惯了使用纸币
30 进行支付，他们就会发现，用纸币汇兑非常实用。但如果发钞当局为汇兑提供方便，那么，在纸币使用范围日渐扩大并成为一种习惯之前，发钞当局就会将自己置于一个艰难的处境。另一方面，如果纸币已经成了通用法币，但只能在省会城市兑现，毫无疑问，在一年中的某一具体时间内，金属币就会有升水。这就大大妨碍了纸币的普及。

因此，政府尽全力推动纸币除汇兑之外的其他方面的用途，并力争人们对纸币的青睐，纸币除了便于汇兑，还可以用于纳税和财富的积累，政府承诺纸币用于这些方面不会有任何损失。但政府却不愿让纸币承担更多的责任。纸币在印度的实践或许可以与德国国家银行的实践相比较。

另一方面，为了使用纸币而将国家分成几个管区的政策目标也很简单。法币使用地域的有限性以及见票即付办公室的有限性，大大限制了纸币的普及。如果纸币得到普及，就算暂时有点损失，似乎也还值得。一旦公众渐渐明白，纸币可以轻松且毫无疑问地转换成金属币，他们兑现纸币的愿望或许就会大大降低。我们

不确定的是，如果政府承担了这些责任，承担了管制金属币向因不同季节而产生需要的地区流动的费用，长期内，政府会有什么损失。

金汇兑本位制建立以后，扩大纸币发行功能的重要性渐渐清晰起来。自1900年以来，增加纸币有效性的问题被反复提上议事日程。1900年，政府发布了一份通告，逐一征求对某些提案的意见，其中就包括征求对“纸币通用”或使纸币在所有管区成为法币的看法。某些权威人士认为，小面额（5卢比和10卢比）纸币可以
安全地通用化，在较大范围内用小面值纸币汇款也没有什么风险 31
（因为有麻烦）。正是根据这种想法，纸币的使用开始发展起来。1903年，5卢比的纸币可以在除缅甸以外的所有地方通用。这就是说，任意一个管区的5卢比纸币都成了法币，并可以在除缅甸以外的任何发钞办公室兑换。1909年，对缅甸的限制也被废除。

1910年，新的法案又强化了关于纸币问题的法律。因此，关于纸币的普及又往前迈进了一大步。这一次，10卢比和50卢比的纸币也成了通用货币。这是以行政命令用权力推进大面值纸币的通用化。接下来又在1911年实现了100卢比纸币的通用。“同时，在发行管区之外的任何管区收受大面值通用纸币支付政府欠款，以及铁路、邮局及电报局的付款，都被行政命令叫停”，而且，“为了降低利用新的通用纸币汇款的趋势，新法案决定为银行家和商人通过电汇在货币中心之间按政府优惠价格进行贸易汇兑提供便利”。[1] 第二年，《纸币监理官报告》称，无论10卢比和50卢比

① 《纸币监理官报告》，1910年。

纸币的通用结果怎样，都没有什么困难。而且，多年来一直认为纸币通用会带来麻烦，且认为纸币通用会妨碍纸币体制的发展的担忧，都没有成为现实。

这些接二连三的变化带来的影响使各个管区的旧有制度实际已经失效。随着100卢比的纸币成为通用法币，还有什么能阻止公众用纸币进行汇款呢？如果他们愿意用纸币汇款的话。不同的“管区”也没有作用了。如果这些管区将从名义上以及实际上被废除的话，倒可能有助于让公众明白印度纸币发行的实质。

32 在旧的货币体制下，一定有很多时候，无知的人们因为手中拥有来自外部管区的纸币而必须忍受不便；在纸币不受信任之前，一定经过了长长一段时间，随着无法兑换的情况彻底一去不返，这些时刻的记忆也随之完全消逝。然而，结合其他条件来进行考虑，正如下表数据所示，纸币的通用化已经对纸币的流通量产生了惊人的影响。我们先解释一下，纸币**总**发行额（按政府统计）意指所发行及未偿付的全部纸币价值，**净**发行额是这一总额减去政府在自己金库中持有的纸币价值数额，**实际**发行额是**净**发行额减去管区银行总部持有的纸币价值。[1] 在某些情况下，**实际**发行额才是最重要的数据。然而，政府持有的卢比准备与总发行额之比，是用于——如果必要——流通的白银铸币余额的最佳指标。

下表给出了不同年份每月最后一天的**平均**流通数据：

---

① 1893年之前，这些术语具有不同的含义。对于净发行额而言，是减去政府储备金库中的纸币，还是减去**全部**政府金库的纸币，统计学对此非常含混。我是在后一种含义上使用这一术语。

	(10 万卢比)			(100 万英镑,按 1 卢比兑换 1 先令 4 便士计)	
	总额	净额	实际	总额	实际
1892—1893	2710	2333	1953	18	13
1893—1894	2829	2083	1785	19	12
1899—1900	2796	2367	2127	$18\frac{1}{2}$	14
1900—1901	2888	2473	2205	$19\frac{1}{2}$	$14\frac{1}{2}$
1902—1903	3374	2735	2349	$22\frac{1}{2}$	$15\frac{1}{2}$
1904—1905	3920	3276	2811	26	$18\frac{1}{2}$
1906—1907	4514	3949	3393	30	$22\frac{1}{2}$
1908—1909	4452	3902	3310	$29\frac{1}{2}$	22
1909—1910	4966	4535	3721	33	25
1910—1911	5435	4648	3875	36	26
1911—1912	5737	4949	4189	38	28

下表给出了每年 3 月 31 日纸币流通总量(单位:100 万英镑) 33

年份	100 万(英镑)	年份	100 万(英镑)
1900	19	1909	$30\frac{1}{2}$
1902	21	1910	$36\frac{1}{2}$
1904	$25\frac{1}{2}$	1911	$36\frac{1}{2}$
1906	30	1912	41
1908	$31\frac{1}{2}$	1913	46

下表给出了每月平均流通总额(单位:100 万英镑,按 1 卢比兑换 1 先令 4 便士计)

5 年年度	1880—1881	$8\frac{1}{2}$
” ”	1885—1886	$9\frac{1}{2}$
” ”	1890—1891	$11\frac{1}{2}$
” ”	1895—1896	19

” ”	1900—1901	$17\frac{1}{2}$
” ”	1905—1906	24
” ”	1910—1911	32
本年度	1911—1912	33

对用于支持纸币之准备金的管理非常简单。准备金的一个部分，是由法律规定了数额且以投资形式持有的固定金额，主要部分是印度政府的卢比证券。截至 1890 年，准备金的投资部分总额已达 6000 万卢比，1891 年增加到 7000 万卢比，1892 年达到了 8000 万，1897 年达到了 1 亿卢比，1905 年为 1 亿 2000 万卢比，其中，2000 万为英国政府证券；1911 年，投资部分更增加到 1 亿 4000 万卢比（9333000 英镑），其中 4000 万卢比（2666000 英镑）为英国证券。因此，准备金投资部分累积的利息，以“纸币发行利润”的名义，记入政府的总收益中。这部分利息低于纸币发行部门的成本。目前，利息总额已达每年 30 万英镑。

截至 1898 年，除了上述投资部分之外，印度准备金中的其他部分是白银铸币。根据《1898 年黄金法案》，印度政府有权在准备金的贵金属部分持有金币。1900 年法案授权印度政府将这部分黄金存放于英国，但这项权力专备临时便宜行事之用。尽管 1899 年和 1900 年也有部分黄金放在伦敦，但这并非永久性政策。然
34 而，《1900 年法案》给了当局充分的权力在伦敦或印度放置准备金的贵金属部分，或者按其自由相机抉择权，在伦敦或印度放置任意数额，或两地各置一半，并且只有遵守将所有的卢比铸币都放在印度而不是伦敦的做法，政府也可以持有金币或金条，或持有卢比或银锭。实际数字见下表。表中显示了某一具体日期的黄金储备。

纸币准备金中的黄金(单位:百万英镑)

3月31日	印度	伦敦	总额
1897	0	0	0
1898	$\frac{1}{4}$	0	$\frac{1}{4}$
1899	2	0	2
1900	$7\frac{1}{2}$	$1\frac{1}{2}$	9
1901	6	0	6
1902	7	0	7
1903	10	0	10
1904	11	0	11
1905	$10\frac{1}{2}$	0	$10\frac{1}{2}$
1906	4	7	11
1907	$3\frac{1}{2}$	7	$10\frac{1}{2}$
1908	$2\frac{1}{2}$	$3\frac{1}{2}$	6
1909	0	$1\frac{1}{2}$	$1\frac{1}{2}$
1910	6	$2\frac{1}{2}$	$8\frac{1}{2}$
1911	6	5	11
1912	$15\frac{1}{2}$	$5\frac{1}{2}$	21
1913	$19\frac{1}{2}$	6	$25\frac{1}{2}$

1913年3月31日的准备金分布状况(单位:镑)

卢比	11000000
印度的黄金	19500000
伦敦的黄金	6000000
证券	9500000
	46000000 镑

起初,印度准备金中黄金的累积是通过卢比与沙弗林交换的自动规律获得的。1898年汇率达到平价以后,我们可以从上表看

35 到，黄金开始流入。1900年，黄金累积到500万英镑的时候，根据福勒委员会的建议，政府力图促使黄金进入流通。[1] 如上所述，在这一意图相对而言落空之后，《1905年法案》的通过，促进了英国纸币金库的建立，到1906年，历年累积的黄金的大约2/3被转移到这一金库。这笔资金被存放于英格兰银行，但并没有算在英格兰银行自己的储备金中。这笔转移黄金被视为“专用款”，受印度事务大臣绝对掌控。从英格兰银行记账角度来看，向金库转移黄金被计为出口。至于将多少黄金放在英国，多少黄金放在印度，这方面的政策因时间的变化而变化。我将在第六章中对此进行讨论。

这些都是与法律相关的主要事实，但重要的政策考虑因素则不会如此浅白的浮于表面。1899年以来，纸币的流通翻了一倍多，但准备金的投资部分只增长了40%。由于纸币发行制度日渐稳固，纸币的用途日渐广泛，准备金中一直以流动性资产形式保持的部分也在增加而不是减少。所有这一切都是由于政策的蓄意改变，以及出于新的想法对准备金流动性部分的使用。黄金准备不再仅是用来维持纸币兑换的能力。现在，持有黄金也是印度事务大臣在萧条时期据以支持汇率、并维持卢比的黄金平价的工具。出于这一目的，政府宁愿放弃将黄金用于投资可获取的额外利润，稳步地增加准备
36 金中的黄金部分（如上表所示）。纸币储备被用来为货币整体防御体系第一线提供黄金，因此，我们很难区分金本位储备的来源。

在现有条件下，忽略政府手中持有的其他准备金形式而孤立地讨论纸币的准备金政策，毫无益处。作为一种现实问题，储备问

① 见本书第51—52页。

题要到第六章进行讨论。在本章中，我想从一个更宽泛的角度，即从或许更为遥远的未来的角度，探讨合适的政策问题。

当前的货币政策是在纸币已经成为一个国家货币的重要组成部分的情况下设计出来的，但这时的货币流通体系仍然极大地限制了纸币的用途。一开始，纸币打算且只打算用作白银凭证。受英格兰银行纸币发行制度和英格兰银行法的影响（这一法令具有破坏英格兰纸币之重要性的效果，而且人们发现不可能仿效使用纸币的欧洲国家，尽管有意为之），这时所形成的规制准备金的规则（见第26—27页），对于研究货币史的当代学者而言，非常的原始。正如我们在第二章中所强调的那样，对印度而言，英格兰的货币模式或许是最差的模式，原因在于，没有哪个国家的状况像这两个国家那样，如此迥然不同。当前，世界各地在纸币发行方面已经积累了丰富经验，如果印度的英国管理者能放手印度完全脱离英国传统和各种先入之见，那么，这些经验一定会在某个时候有用于印度。现在，我想首先简短地讨论一下印度季节性货币需求的实质，然后讨论印度货币发行制度中与其他典型的使用纸币国家的不同之处。

与大多数纸币制度国家的情况不同的是，在秋季和春季的旺季，印度纸币的总流通量不是在增加，而是在减少。这种情况的出现是由于政府财政部门、管区银行以及其他银行和大商人，将纸币 37
的使用看成是避免农闲季节没人想要钱用时保管大量白银的便宜手段。[①] 这就是说，夏季，人们将多余的卢比以纸币形式存入准备金

① 管区银行总部一直持有的大部分资金是纸币，而且主要是大面额的纸币（面值1000和1万卢比）。比如，1911年12月31日，持有480万英镑中有420万英镑是纸币。

的现钞储备中。一旦国家因出售谷物而使卢比减少，这些纸币就会拿来付现。但在淡季，通货又会大量聚积在某一拨人和机构手中，这些人也会发现，持有纸币要方便很多。在旺季，货币又会分散到全国，并暂时性地聚积在小人物，即出售谷物的耕作者和小额贷款者等人手中，这些人习惯于小笔交易，而卢比则是最为便利的交易单位；或者他们并不了解纸币的用途，因此宁愿拿到真正的铸币。

然而，纸币本身也被用来媒介谷物的流动，而且使用的范围也在扩大。虽然在旺季，纸币的总流通量会由于上述原因而有所下降，但实际流通量（即除去政府财政和管区银行持有的部分），如我们预期的那样，在每年的这一时期却在增长。因此，当我们考虑应该维持流动性储备的那一部分时，或者说，在旺季，纸币发行的哪一部分起到了货币供给中十分必要的灵活性作用，我们必须考虑到，起积极作用的与其说是总流通量，不如说是实际流通量。数字
38 见本书第 39 页的表格（单位 10 万卢比）。

每月最高和最低的实际流通量	1906—1907		1907—1908[1]		1908—1909	
	1	2	1	2	1	2
最低						
6 月	3115	1441	3504	1301	3113	1412
7 月	3243	1287	3443	1589	3158	1652
8 月	3211	1359	3430	1747	3190	1271
最高						
1 月	3554	911	3320	862	3367	854
2 月	3607	942	3328	938	3436	950
3 月	3645	1050	3261	1428	3495	1054

续表

	1909—1910		1910—1911		1911—1912	
	1	2	1	2	1	2
最低						
6 月	3419	1510	3658	2037	3844	1978
7 月	3431	1722	3656	2260	3915	2114
8 月	3549	1625	3686	2120	4099	1870
最高						
1 月	4147	1037	3967	1145	4414	1056
2 月	4145	912	4095	1257	4458	1261
3 月	3998	1443	4017	1482	4461	1675

第 1 栏:实际流通量,

第 2 栏:政府财政和管区银行持有数据,即总流通量与实际流通量之差。

1　非正常年份。

从表中我们可以看出,在旺季,管区银行和政府财政持有的纸币减少了 7000 万到 1 亿卢比,低于淡季的最大数额。其中,实际流通量在旺季增加,并超过淡季最低数额约 4000 万卢比(按 1911—1912 年最后一个年度的数字,超过 6000 万卢比)。当然,旺季所需货币量的增加比,并不是很高。但这是一个值得考虑的量,这些数据从一个更为有利的角度使旺季的纸币发行成了货币的来源,而不是我们通常认知的情况。纸币与卢比[①]在季节性贸易需求供应中的相对重要性,在第 39 页的表中有很好的揭示。

① 黄金的作用在第四章讨论。

纸币进入流通的净吸收(按10万卢比计)(+)或流通货币的回流(−)

年份	4月到6月		7月到9月		10月到12月		1月到3月		全年	
	卢比	纸币	卢比	纸币	卢比	纸币	卢比	纸币	卢比	纸币
1905—1906	−116	+83	+339	+58	+1189	+175	+88	+101	+1450	+417
1906—1907	−24	−148	+600	+220	+1068	+310	+156	0	+1800	+382
1907—1908	+182	−141	+145	+29	+735	−126	−670	−146	+392	−384
1908—1909	−798	−148	−718	+198	+339	+112	−311	+72	−1488	+234
1909—1910	+47	−76	−58	+286	+1065	+130	+268	+163	+1322	+503
1910—1911	−287	−340	−100	+147	+722	+144	−1	+68	+334	+19
1911—1912	−130	−173	+220	+262	+499	+356	+565	−1	+1154	+444

1 本表中,管区银行的卢比(不是纸币)被视为流通货币。我认为,排除这一部分会给分析带来麻烦,也不会使结果出现太大的差异。管区银行准备金中的主要变量就是纸币,这些都正式列入了上表。

上表很有启发意义。表中显示,纸币的供给是季节性货币额
39 外需求日益重要的部分。表中数据也表明,相比较于对卢比的需求而言,对纸币的需求年复一年呈现出稳定的特征。从1907年冬天到1908年秋天的萧条期,卢比的实际流通量比纸币的实际流通量受的打击更甚;1908年1月到6月,卢比流通减少了1亿4680万,而纸币的实际流通量反而减少2940万。1908年1月到9月的九个月内,卢比流通量减少了2亿1860万,但纸币的实际流通量仅减少了960万。①

我现在转而讨论三个重要特征、这三个特征之间的紧密关系以及印度纸币制度与其他多数使用纸币的国家之货币体制的主要区别。

① 我估算,这一时期卢比的实际流通总量大约在纸币实际流通总量的4到6倍。

第一，印度的纸币发行功能与银行的其他功能是完全分开的。票据贴现只是银行的一项功能。在印度，中央银行拥有纸币发行权，为了贴现更多的纸币，央行通常也能在一年的某个季节增加纸币的发行，但也受具体情况的限制。

第二，由于印度没有中央银行，所以印度也没有政府银行。事 40
实上，政府只是在三家管区银行持有一些基金（通常有200多万英镑）。但是，他们在伦敦持有大笔流动资产，或在印度他们自己的财政部持有现金资产。所以，印度政府和美国政府一样，有一个独立的财政体系。这就意味着，在一年的某个季节税赋大量流入的时候，或许也是资金从货币市场撤出的时候，这与美国的情况相同。这种制度在美国引发的困难和不便，也是熟悉这个国家近代金融史的人耳熟能详的。在某种程度上，在印度产生的不良后果，因这些资金向伦敦转移而抵消，印度境内积累的货币也经由政府票据的出售而释放出来。但这并不是完满的解决办法。

从前两点又产生了第三点，也是最重要的一点。印度境内的货币（外国进口资金除外）绝对没有灵活性。没有任何方法可在印度国内采用某种信用工具暂时性扩张货币，以便满足正常的周期性季节贸易需求。使用支票的国家在面临这些难题时，都可以通过银行创造信用来解决，大多数使用纸币的国家则通过中央银行的贴现。只要贴现多于平时数量的国内票据，就可以在不相应增加贵金属准备的条件下，暂时增加纸币的流通量。除了部分交易使用支票外（主要是在管区的市镇），印度没有与此相应的办法。追加的现钞不论是纸币还是卢比，只有两个途径可以得到：一是在伦敦购买政府票据，一是［从伦敦］带回沙弗林。向政府票据付款

或与沙弗林交换都可以获得追加的纸币或卢比，除此无他。交换
41 媒介的暂时性增加只能通过从海外带入资金而获取这一事实，部分解释了印度在旺季的高贴现率的原因。这一问题我在第八章还将作更详细的讨论。不过，主要观点可简述为：如果短期内（比如三个月）可以从国外吸引资金，利率就必须高到足以偿付双向汇兑的成本。原因是，我们应考虑到印度和伦敦两地的距离如此遥远。如果某权威机构能够在印度的旺季增加信用货币，贴现率就没有上升到如此之高水平的必要了。

因此，对现有安排的反对理由在很大程度上是因为没有国家银行。这个问题我们将在第六章和第七章作进一步的探讨。我对印度应该建立一个或多或少与政府有关的国家银行的观点，基本没有疑义。政府年年介入了越来越多的基本银行业务，随着时间的推移，人们会越来越反对将现代国家银行的某些职能与其他银行职能分离开来。但现在有相当一部分人的观点偏向于这种看法，即在印度建立中央银行的时机还没有成熟。同时，人们也在问，是否存在解决上述弊病的任何局部补救办法呢？

我倾向于认为存在这种补救方法的可能性。采用这种方法时，没有必要限制发行纸币所必须持有的准备金。除了稳定而长久的投资外，全部准备金一定是黄金和白银。这种方法实际上是在模仿规制英格兰银行发钞的规则。不过，欧洲的发钞银行给出了一个更好的模式。印度政府可以用法律规定，准备金的一定比
42 例（比如说 1/3）①必须是金币或银币。还有一部分则可以像现在

---

① 合适的比例部分取决于针对金本位储备而实施的政策。

这样，永久性投资于印度政府债券。至于其他方面，我认为政府应该让自己有更多的活动空间，在适当的安全范围内，政府可以放手在印度或伦敦将准备金借出，只要期限不超过三个月就好。政府也可以像目前贷出金汇兑本位制的现金余额那样（见第六章），按照同样的条件在伦敦借出准备金。在伦敦向外贷款，技术上可能更方便一些（原因可见本书第 121—122 页），但仍然无法解决印度货币体制不灵活的弊病。因此，部分准备金应该**在印度**借出。从这一点来看，具有适度安全性的应该是印度政府债券（政府债券可以间接增加卢比纸币的市场效应）和最高级别的汇票。我们完全没有必要在这里详细讨论，政府在印度借出资金应该采用何种方法最为妥当，是从现金余额还是纸币准备金走账等。无论是否只通过管区银行出售资金，还是像在伦敦市场所做的那样，也为印度市场拟定一份政府基金借款人的核准名单，对印度货币市场产生的影响都一样。但这样可能会得到所需的灵活性，印度当下在货币扩张问题上对伦敦的绝对依赖，也会有所减轻。我在第六章和第八章将对此问题再做讨论。除非我们全面讨论了印度事务大臣的准备金问题，并详细研究了印度银行利率的变动，否则无法展示出这一方法的全部效力。

最近，印度出现了很多赞成从政府现金余额中对外贷款的观点。只要这种观点需要某种新机制，政府通过这种新机制才能在印度国内的适当场合出借资金，那么，希望纠正的祸害就是真正的祸害。我相信，上面所提出的方法，是解决问题的正确途径。

我们将在第六章、第七章和第八章中，结束对这一问题的讨 43
论。然而，为了避免在两个问题上造成误解，现在略微多说几句也不为过。在刚刚过去的一段时间内，将纸币准备金作为一般性准备金的一部分，以保证卢比的绝对稳定性，非常必要。我并不主张以金本位制的稳定性为代价，或者，在采用其他适当方式来保证金本位的稳定性之前，将准备金或现金账户中的任何一部分，在印度借贷出去。但我认为，除了用于维持稳定的金本位准备金本身外，不依赖于纸币准备金流动性部分的时间，实际上已经到了。繁忙时节不久就要来临，那时，政府可以将准备金的某个部分借贷出去，而丝毫也不会危及印度货币体制的稳定性，并且还会大大有益于印度贸易的发展。至少，政府应该有这样做的能力。

还有一个问题。我们在前面说过，要在印度货币体制中引入某种程度的灵活性，比如在 1905—1906 年秋冬季或 1912—1913 年秋季这一段时间中，并不是很有用处。当时，对卢比的需要已经达到了这样大的程度，只有拿出巨额铸币才能满足。新增这类货币只能通过从海外进口资金，但海外进口则是永久性增加货币而非暂时性增加货币。每次增加货币都会使下一季度对新铸币的相同需求减少。这很反常。近代史似乎也表明，印度货币永久性的增加不是缓慢发生的，也不是年复一年稳步增加的，而是每隔一段时间就突然出现的现象。因此，在生产活动正常的年份中，可能就有超出货币安全所需数量的大量卢比，无所事事地滞留在准备金中。印度银行家和商人们为了使货币净增加，只能通过在伦敦购买沙弗林或政府票据的方法达成。如果新增货币的用途只是临时
44 性的，那么，除非印度的贴现率被强行提高到极高的水平，否则，运输或汇兑的成本会大到足以让他们认为不值当获得这笔新增货币。如果在这种情况下，政府以高级别证券为标准，按 5% 或 6%

的利息放手借出卢比的某一部分，不仅政府会有利可图，而且还可以防止贴现率达到这样的水平，即贴现率的上升不是由于渴求，而只是由于伦敦与加尔各答之间的距离而产生的费用。

45

第四章　黄金在印度的现状以及金币提案

1898 年的福勒委员会公开表示赞成在印度发行金币并最终建成金本位制度。委员会报告的第 54 段如下：

> 我们赞同让英国货币沙弗林成为印度的法定货币和通行硬币。同时，我们也考虑根据现有条件和情况，比如说，根据现在适用于皇家铸币厂三家澳大利亚分厂的条件，无限制地放开金币的自由铸造。在相同的条件下，结果将是，沙弗林将同时在英国和印度铸造并流通。正如我们期望以黄金的自由流入流出原则为基础，在印度建立金本位制那样，我们推荐这一方法并期望得到采用。

福勒委员会提案的第一部分立即被采用，1899 年，英国的金币沙弗林按 1 英镑兑换 15 卢比的汇率成为了法定货币。一开始，福勒委员会实施金币本位制的远期目标，似乎马上就会实现了。印度事务大臣和总督委员会也接受了在印度自由铸造金币的原则，1900 年，克林顿·道金斯爵士实际上也宣布，为达成这一目标，决定在孟买建立铸币分厂。同时，他们还力图使沙弗林进入流通，这一点我们将在第 51—52 页进行描述。然而，促使沙弗林进入流通的努力失败了，克林顿·道金斯爵士的提案也从未获得批准。正如 G. 弗利特伍德·威尔逊爵士在 1911 年的立法会上所解释的——

> 皇家铸币厂提出了许多技术问题和其他困难，这一切最终耗尽了寇松勋爵政府的耐心。其间，柯拉金币铸造公司为了在英格兰出售自己的产品，已经就协议的大部分内容达成了一致；他们在孟买精炼黄金并铸造铸币的前景——这也是我们黄金铸造的主要项目——因而被推迟。在这种情况下，1902 年，政府决定，在当地对金币的需求增强之前，暂停这一项目的实施。 46

然而，对事件的这一描述并不能公正评价英国财政部在破坏这一计划中所起的作用。后来出版的官方函件表明，[①]正如 G. F. 威尔逊爵士所说，两年来（从 1899－1901 年），他们制造了一系列技术难题都没能遮掩住他们对整个提案的敌视态度。但最终（1901 年 5 月）政府安排了一个计划，同意在国内铸造金币并授权在印度铸币。在谈判中，财政部官员的本性在这一问题上暴露无遗，他们完全抛弃了对印度事务部独立性的尊重。用技术难题布置的第一道防线被攻破之后，他们又退而求助于公开讨论整个项目从印度角度来看是否明智的问题：

> 在他们对现已达成的协议表示满意时，阁下认为，在采取实际步骤实施这一计划之前，有必要邀请乔治・汉密尔顿爵士审议最初提出在印度铸造沙弗林的诸种观点，考察在这一提案提出的两年时间后，这一事件的影响是否还没有消除，建立铸币分厂而带来的日渐增长的优势，是否与由

① 英国下院，1913 年，第 495 通。

> 此增加的成本完全不相称。金本位现在已经稳固建立起来了，公众没有要求印度政府证明其无意回到旧有政策，这一点已经超越了争论的范围。在现有条件下，一旦有需求，沙弗林就会轻易地流向印度……另一方面，印度政府估算的适于用来铸币的黄金，少于之前的预估，无论如何在一段时间内不可能有适当的增加，……工作人员不得不在一年的大部分时间里勉力负担印度财政部的成本……当然，这要由乔治·汉密尔顿爵士来决定，是否不管这些反对意见而继续推进这一计划。

47 印度事务部的回答是：

> 为在印度铸造金币而建立铸币厂，是新货币体制即将生效最显而易见的信号，现在放弃这一提案一定会引人关注并引发批评和不安……阁下并不打算在现阶段放弃这一计划。

财政部的回答十分令人信服：

> 阁下并不相信，为了采用金币而提出一种商业社会不需要、也不想要的货币机制，就能强化金本位在印度的地位，或者说，公众会相信政府确定的目的；另一方面，黄金铸币的失败或仅部分成功，毫无疑问都会受到反对金本位政策的人士的指责（虽然没有什么正当的借口），并作为指认这个政策缺陷的证据。

财政部的观点理所当然获得了成功。在与将注意力放在铸币厂协议的印度政府（参见前文 G. F. 威尔逊爵士的说法）协商之后，印度事务大臣（于 1903 年 2 月 6 日）同意该计划无限期推迟。“印度政府对这种突然的退却，即从迄今被认为 1893 年开始实施、基于1898年货币委员会的推荐而明确建立的货币政策[①]的后退，没有向公众做出任何解释。”

从1903年到1910年，没有人提出过积极鼓励黄金进入流通的提案。但也从来没有出现过否定这一打算的说法，在1910年的预算辩论中，当时的政府财政大臣詹姆斯·梅斯顿爵士发言道：

> 我们开明的行为方式和我们的目标都清楚无误，在向我们的理想前进的过程中，也不会做出太大的付出。因为福勒货币委员会的努力，所以我们一直踏踏实实地稳步前进。现在，我们距离我们的理想仍有一步之遥。我们将印度与世界上其他使用黄金的国家联系到了一起，我们建立了一个金汇 48
> 兑本位制。我们已在稳步地发展和改善这一制度。下一步和最后一步就是真正的金币本位制。我非常希望这一天准时到来，但我们不能强迫这一天的到来。我们银行制度安排的落后，人们的习惯和猜疑心以及我们双方的初次合作，所有这些都横阻在我们前进的路上。但一旦国家做好了准备，最后一步将会到来，我坚信这一天不会拖延太久，只要我们踏上最后一步，它将消除我们现有处境中的所有失策、所有不便以及所有矫揉造作之处。

1911年3月，这件事情又被往前推进了一步，G.弗利特伍德·威尔逊爵士在立法会回复维特尔达·萨克塞爵士时说（萨克塞爵士曾经提出，应该铸造10卢比的金币并投入印度的实际流通领域），

① 这段引文取自九年后（1912年5月16日）印度政府致印度事务大臣的一封信。

"1902 年以来所发生的很多事情都证明,重新开始讨论这个问题很有必要"。1912 年 5 月 16 日,在给印度事务大臣的一份急件中,印度政府提出,开办孟买铸币厂铸造沙弗林。这是一份极其杂乱无章的文件。文件主要表明,增加金币在印度的使用将有利于印度的货币体制。但除了这一观点的可取之处之外,文件并没有清楚表明以何种方式建立铸币厂才能对预期目的产生效果。实际上,文件坦率地承认,"之所以提出放开金币铸造,并不是因为我们想引发黄金流入印度的增加。的确,我们认识到,我们的目的肯定不会实现"。这份急件的意思好像是试图调和已经表述过的分歧与矛盾的观点。然而,英国财政部再次挺身相救。他们提出,铸币分厂应该由英帝国管理,尽管这有点不方便,或者,铸币分厂与英帝国完全分离,但这又会导致成本较高。于是,在日期为 1912 年 10 月 18 日的急件中,印度事务大臣向印度政府提议,面值为 10 卢比的印度金币可以在孟买铸造以取代沙弗林。印度政府回复
49 说,他们更喜欢英国财政部符合当时条件的这一提议,他们打算就这一提议征询印度人的意见。这就是现在的情况。

依我看,1900 年以来,印度政府在金币本位制方面的实际政策,恰当而相宜。但这些谈判表明,当局仍然对现有制度的优越性有所怀疑。

直到 1870 年,英国货币体制是世界其他国家羡慕的对象,人们认为,英国货币体制实际运行中呈现的优点主要基于这一事实,即英国的实际流通媒介就是黄金。人们认为,这一定是维持绝对稳定的唯一真正安全的途径。据此,德国在着手实施自己的金本位制度时,为了能有最大量的黄金经过转手进入实际流通领域,也

相应地将纸币的发行限制在面值100马克以内。出于相同的原因，商业社团也对戈申爵士提议在英格兰发行1英镑的纸币表示出固执的敌意。而其他不持反对意见的国家也发现，用黄金作交换媒介的成本高得离谱，所以，还是妒忌那些负担得起的国家，不过就算他们无法负担这一成本，他们也要修改法律以使金币进入流通。

但近几年来，货币的演进进入了发展的新阶段(其原因我在第二章已做了详细阐述)，现有的一切都发生了变化。在英国，现金支票的使用变得极为普遍，金属铸币已经成了次要的交易媒介。在德国，新近修订的银行法已经对1876年的政策做出了慎重的改变。现在发行20马克面值的纸币有一个审慎的目的，即将尽可能多的黄金留在银行，尽可能少地耗费于流通。这一新政策未来似乎还会扩大。1913年1月，德国国家银行总裁在德国国会预算委员会发言时说，1906年不准20马克和50马克的纸币的发行超过 50
1500万英镑的规定，应该予以废除，1912年这两种面值的纸币之发行，已经超过了限制的1150万英镑。他还说，从理想政策角度考虑，必须增加纸币的发行，由此可以在储备中保有较大数量的黄金。

在其他实际通货是主要交换媒介的国家中，引入黄金作为转手媒介的意图多半已经放弃。在过去的十年中，新增黄金的绝大部分都流入了国家银行的准备金，流通中只能发现相对较少的数量。比如说在奥匈帝国，在1892年的货币改革之后，出现了与印度相同的、迫使黄金进入流通的意图。但他们很幸运地失败了。奥匈帝国银行当局现在在自己的中央储备中，持有他们能持有的全部黄金，而且他们并没有将黄金散出去的意图。俄国的情况也一样。在艰难地建立起金本位制之后，他们以之前放弃过的理论为起点，宣称金币本位制是必然的结果。这里还可以给出另一个例子。金本位制现在是全世界所有国家的准则，但金币本位制是个例外。人们常常念叨二三十年前关于"理想货币"的箴言，但这些箴言没能成功地、实际上也没有影响现实活动。我认为我这样说肯定没错，即埃及是现今世界上唯一一个将金币作为主要交换媒介的国家。[①]

我们很容易就能明白这种变化的原因。人们已经发现，黄金流通的成本难以承受，大的经济体可以用某种便宜的替代品安全
51 地替代黄金，人们进一步发现，经济危机或遇到外汇外流之时，人们荷包里的金币也不是一点用处没有，起码可以用来抵偿外汇的流失。因此，一个国家的黄金资源必须集中起来。

很久以来，经济学家就持有这种观点。[②] 李嘉图提出的理想且经济的货币的建议，就是基于黄金储存在实际流通领域之外的原理。穆勒(《政治经济学原理》第3卷，第22章，第2节)也提出："因为输出所必需的黄金几乎总是取自各银行的准备金，在银行还有偿付能力时，决不会直接取自流通领域。"1891年，戈申在伦敦商会这样说：

---

① 埃及与苏丹流通领域中的辅币价值(银币、镍币和铜币)，据估计不超过360万埃及镑，埃及国家银行的纸币(主要在城市流通)约为240万埃及镑。通货中的其余部分则是金币(主要是英国的沙弗林)。因此埃及的现状，是很多印度货币改革者的理想目标。

② 见林赛在印度货币委员会(1898年)的证词，Q3404。

> 我们只拥有民众日常所需的有效流通量。你们不能任意要求增加你们的中央黄金储备。你们可以将利率提升到6%或8%，但大部分民众口袋里的黄金不会少于之前的数量，从其他方面看，我怀疑你们有能力增加你们的中央储备。

尽管这不是什么新理论，即民众手上的黄金与持有现钞准备绝对无关，但几乎直到晚近，最高当局才相信，除非黄金在英国实际流通，否则，金本位制不可能真正稳定。实际的金融从业人员却对这一相反的观点抱有怀疑，直到最近几年，这一观点才强势到足以支配各种政策。但最终，政府改变了观点，现在，对于那些要在政府储备和流通领域之外保有黄金的观点，他们同样感到忧虑，就像之前持相反观点所怀有的忧虑一样。

当政府对这些事情的置信程度低于现今水平之时，当不加鉴别地模仿那个在英国建立并在19世纪下半叶有效运行的制度成为时尚之时，对有形金币的偏好就不再是一时之遗风了。

现在，我们把这些通盘考虑应用于印度。1900年，按照1898 52
年货币委员会的推介，政府慎重考虑将沙弗林引入实际流通领域。当时决定，一旦准备金超过500万英镑，就向公众放出黄金，支付时间定于1900年1月12日，地点在加尔各答、马德拉斯和孟买的货币办公室。颁布的指令是，向所有纸币提交人提供黄金，如果他们愿意的话，也可以支付卢比。后来，经总监理官授权，管区财政部门也有了沙弗林。3月份，管区市镇的邮政局开始用黄金支付现金汇票，管区银行在向政府打钱时，也应要求支付沙弗林。在1900—1901年财政年度，仍然继续实施这些货币安排，至1901年3月31日，交于公众手中的数量已达到可观的675万英镑。然而，这笔英镑中有部分被用来出口，但不久之后，其中一半又回到了政府手中。人们猜想，其余的大部分进入了黄金交易商手中。[1]因此，政府放弃了让黄金进一步进入流通的意图，不久之后，累积于印度货币储备中的大部分黄金被船运至英格兰，以“专款专用”形式存于英格兰银行。

自那时以来，印度货币体制的诸项条文中，对黄金（我们已经在第一章有过阐述）的看法如下：(1)沙弗林是印度法币，汇率为15卢比兑1英镑；(2)政府用公告约束自己按这一价格提供沙弗林与卢比的兑换；(3)通常，政府愿意以此价格提供沙弗林和卢比的兑换，但政府并没有按此价格提供兑换的法律义务，而且也不愿意总是进行大笔兑换。

1900—1901年这一实验的失败有很多原因，但据我的看法，主要原因应该是，印度公众长期以来习惯于使用白银，而且，对
53 一个类似于印度这样的穷国来说，使用价值较高的沙弗林也不太合适。

但无论如何，我们都不能肯定地认为，现在将一枚10卢比金币放入流通领域的意图就不会获得成功。某种程度上，这样做的价值可能有点降低，但相对于白银而言，印度对黄金的偏好在过去的十年中已经发展了起来，这个意义就非常大了。关于黄金在印度的现状，我们有必要在此简要地给出证据。

当然，我们知道印度黄金总储备每年的净增长（即进口＋生产

---

[1] 上述说法根据纸币监理官报告（1900—1901）扼要整理。

一出口)大约是多少——尽管越过边境的固定漏损通常都忽略不计。① 我们也知道,这笔净增长的绝大部分采用的是沙弗林形式,但有多少采用的是金条形式呢?因此,扣除纸币储备中和政府财政部门沙弗林的增长或减少,我们就能计算出每年有多少沙弗林通过自己的方式进入了公众手中。但是,至于公众如何使用手中的沙弗林,我们的信息非常含混且不准确。到目前为止,关于这个问题最仔细而且最有价值的讨论,可以在1910－1911年纸币监理官报告(R. W. 吉兰先生执笔)以及1911－1912年的报告(M. F. 冈特利特先生执笔)中找到。我在下文中已经放手引用了报告的内容。首先,放在我们面前与上面表格相关的统计信息(参见前面的表格),将会非常有用。

印度民众现在奉献于没有利息的黄金积累上的大量财富,由表中第三栏的数字非常惊人地显示出来。我们知道,这些财富是窖藏起来用于制作珠宝、镀金甚至作为(根据塞缪尔·蒙塔古先生的说法)药用。但是这些数字与我们现在讨论的内容无关,我们必须转而注意最后一栏的数字,这是流入公众手中的沙弗林的数据。
这笔总数中有多少用于装饰,多少用于制作珠宝,多少被熔化,又 54
有多少真正留了下来用于货币?

① 这一点或许非常值得考虑。印度一定是整个中亚地区黄金供应的主要来源地。下面这段摘自货币监理官报告(1911－1912)的话,很有启发意义:"有报告称,白沙瓦在跨境贸易中大量吸收黄金,据称,这种贸易在1911－1912年间做了总计价值为300万卢比的生意。这样带走的黄金很少或者从未回流。埃米尔的补贴也多用黄金给付。"报告还说,那些去麦加朝圣的人,也偏好使用黄金。(译按:埃米尔是某些穆斯林国家的酋长,王公和统帅的称号。)

	(1)=(2)+(3) 黄金储存的净增加:进口—出口+生产	(2) 纸币储备和财政部门的黄金净增加[1]	(3)=(4)+(5) 公众手中黄金储蓄的净增加	(4) 公众手中金条的净增加	(5) 公众手中沙弗林的净增加
	英镑	英镑	英镑	英镑	英镑
1901—1902	3223000	—5000	3228000	2261000	967000
1902—1903	7882000	2870000	5012000	2814000	2198000
1903—1904	8963000	944000	8019000	4741000	3278000
1904—1905	8841000	38000	8803000	5866000	2937000
1905—1906	2698000	—6840000	9538000	5806000	3732000
1906—1907	12061000	—193000	12254000	7098000	5156000
1907—1908	13677000	—993000	14670000	7243000	7427000
1908—1909	5022000	—2843000	7865000	4422000	3443000
1909—1910	16620000	6347000	10273000	7407000	2866000
1910—1911	18153000	71000	18082000	9991000	8091000
1911—1912	27345000	9347000	17998000	9117000	8881000
1912—1913[2]	24551000	4231000	20320000	9320000	11000000

1. 1908 年以来,这一部分全部以沙弗林形式持有。

2. 估计数。

首先,据估算,现在每年大约进口 100 万英镑的“隐蔽”沙弗林,这笔沙弗林被人用于装饰和因价格优惠而流入。① 因此,如果我们假设这笔沙弗林不是用作货币,或许比较保险。而且,每年肯定有一大笔数量的沙弗林被熔化为金块。这样说有两个理由。吉兰先生在报告中写道:“有关熔铸,值得一提的是,将沙弗林用于
55 既定的目的一直都有一个优势。黄金是按 5 盎司和 10 盎司的金条出售,但如果珠宝商只想要少量黄金,一枚十足重量的沙弗林非常符合他的要求。因为他清楚地知道沙弗林的确切重量、成色以

① 从 1911 年到 1912 年,孟加拉银行的报价都高出 4 便士。

及价值，而且得到沙弗林也没有一点困难。在那些偏远的地方，沙弗林可能会比相同重量的黄金便宜。”①另一个理由与汇率相关，②在一年中的某些时间里，获得黄金的最便宜途径就是从政府那里用卢比换沙弗林。这个解释可以用以下事实来证明，即在夏季月份，对政府储备沙弗林有稳定的需求。正是在这个时间段，汇率使得用这种方式获得黄金最为有利，在这个时候，几乎不存在对作为交换媒介的沙弗林的需求。因此，很多沙弗林都被熔化掉了。但是，如果我们想讨论有多少沙弗林被熔化，我们只能做出一种很随意的猜测。

由于有新的进口，所以一定仍然有大量的沙弗林以这种形式保留在公众手中。但我们不能假定，这就减少了实际上用作交换媒介的沙弗林的总数。有大量的证据可供我们假设，这个国家的某些地方，沙弗林正替代卢比成为贮藏的首选。这或许就是一开始黄金被用于货币的情况。谷物出售可能是为了换取黄金，原因是，种谷物的农人想要黄金用于贮藏。吉兰先生指出："可以想象，农夫是按照物物交换的本质接受黄金作为其谷物的支付款项，这就是说，他不仅是将黄金看成硬币，而且视黄金有其他效用，黄金作为收成的报酬或许只是因为他觉得他只能这样保留他的报酬。”

显然，我们不应该瞥一眼 54 页表格的第一栏甚或瞥一眼第五栏，就作出关于印度货币体制中沙弗林现状的轻率结论。我们一定可以从第一栏总数中推出大量的结论。关于黄金作为货币的用 56

① 1911－1912 年纸币报告。

② 见本书第 68－69 页。

途有什么直接的证据呢？

“在某种程度上，沙弗林确立自己为货币的常规部分的最佳指标（再次引用吉兰先生的报告），可以在邮政局和铁路局的收入表的数字中找到”。这里所说的数字如下：

	邮政局	铁路局
	英镑	英镑
1906—1907	553000[1]	468000[1]
1907—1908	1358000	1045000
1908—1909	1001000	710000
1909—1910	265000	134000
1910—1911	638000	597000
1911—1912	1363000	1222000

1. 只有下半年数字。

纸币部门估算，①由于早年的吸收，所以到 1907 年，流通领域中的纸币已经不少于 200 万。但据猜测，到 1908 年年底，几乎是相当于这个数量的纸币凭空消失了。由于这一年的萧条和汇率水平较低，沙弗林最有盈利的使用方式就是当成金块使用。这一点令人震惊的通过 1909—1910 年邮政局和铁路局几乎被人忽略的收入表（上表所示）的数字得到了证实。截至 1910 年，沙弗林的吸收不足，使沙弗林无法恢复作为货币的重要地位。因此，我们在这里主要考虑自 1910 年以来，沙弗林的进口情况。这才是作为货币进入流通领域的沙弗林的来源。

我们继续往下进行详细讨论的时候，我们发现，好像印度的几

① 见 1909 年纸币报告。

个使用沙弗林的重要省份被我们忽视了，比如：孟加拉、东孟加拉、阿萨姆以及中央省份和缅甸。在这些省份中，关于这个问题还没有取得任何重要的进展。另一方面，在联合省（关于小麦的买卖） 57
和马德拉斯的某些地区，沙弗林的使用似乎已经达到了一般公众可以自由接受、不断增长的程度，尽管增长的速度并不惊人。但在孟买和旁遮普，尤其是在旁遮普，沙弗林的使用更为重要。由于绝大多数有效证据都与旁遮普相关，所以我们必须小心谨慎，不要将黄金的使用在这个省份的处境，拿来作为证据应用于整个印度。我们可以看一下从 1912 年 6 月 4 日旁遮普省商会通过的一项决议中摘录的一段话，这段话很有意思。本会"现在可以负责任地说，沙弗林已经日渐普及，流通量也在日渐增加。集市中也接收了沙弗林作为法定货币，这一点也归功于人们的聪明才智和这样一个事实，即在东方各个地方（中国和海峡殖民地），也就是有旁遮普印度兵服役和执勤的地方，沙弗林非常普及。这些人用黄金汇回他们赚来的钱，由于旁遮普几乎每个村庄都有人在外服役，人们充分了解沙弗林的价值就不足为奇了。我们很难据此估计沙弗林被囤积到了什么程度，但毫无疑问，富有人家贮藏了大量的沙弗林，而且，这些沙弗林会在农村人手中一直囤积到来年。至于沙弗林的进口可能会影响到汇率一事，他们的意见是，政府不能依赖于靠地区之间交换生产物而吸收的沙弗林，并采用储蓄的形式在任意时间以任何适当的量来支持卢比的稳定"。1911－1912 年，货币监理官收集了一组关于黄金在旁遮普邦日渐普及的地区报告。这些报告完全证实了上述总结。

在我们转而讨论这一问题的其他方面之前，我们要特别针对

58 近期(即 1912 年)黄金的大量进口再多说两句。公众的注意力都被这一年的数字吸引住了,这一数字也确实值得注意。① 1911—1912 年和 1912—1913 年黄金的进口(见第 54 页表格)相比较于前些年的数字,由于其巨大的数额而值得关注,然而,如果考虑到沙弗林在其中占有的极高比例,黄金的进口就更加值得关注了。

但我不相信从这些数字中就能得出公允的结论,认为沙弗林在印度的地位有什么惊人的改变。印度已经有了两个极好的季节,因此得以将储蓄积累到非常之大的程度,用于投资黄金饰品和贮藏。这都不足以用来对这一纪录数据做出部分解释吗?出于以下的理由,我不这样认为。

首先,如果我们排除纸币准备金的增加,1911—1912 年的黄金进口没有达到 1910—1911 年的数字,1912—1913 年的黄金进口则没有超出太多。根据我们在第五章的解释理由,因这一目的而进口的黄金与印度对黄金的有效需求无关,之所以有黄金进口,仅仅因为在某些情况下,与政府票据和其他手段相比,黄金碰巧是往印度汇款的较为便宜的方式。其次,由于澳大利亚和埃及不同寻常的黄金大量供给,所以 1912 年的情况有些不正常。如果这只是一个从英格兰进口黄金的问题,那么,那些想用黄金铸金块的人通常会发现,购买金条比购买金币更便宜。然而,如果他们面前有来自澳大利亚并打算转往印度的沙弗林,或者,如果亚历山大有多余的沙弗林可供出口,那么,购买这些沙弗林比从伦敦购买金条或许要便宜很多。取决于汇率的这种解释,将在第五章进行充分讨

① 1912 年全年,印度的黄金储备增加了 2950 万英镑,其中大约 2150 万是沙弗林。

论。因此我猜测，较之 1912 年沙弗林的正常进口多出来的部分，59
被拿去做了非货币用途，这也是黄金应有的用途。如果从伦敦进口的是沙弗林而不是金条，那么，得出以下结论也很合理，即进口商(因为他必须付出更高的价格)肯定偏爱沙弗林。但如果是从埃及或澳大利亚进口沙弗林，而不是从伦敦进口金条，我们就无法得出这种结论。1912 年，印度进口的 2150 万沙弗林中，只有大约 500 万来自伦敦，其余的来自埃及和澳大利亚。[①] 因此，在我们找到增加的沙弗林实际上进入货币领域的迹象之前，我们要从 1912 年印度黄金进口的总数中，扣除比之通常扣除的更多的可观份额。[②]

或许，我们可以公正地就这一证据进行总结说，当前，印度存在对金块的巨大需求，有以囤积为目的的对沙弗林的需求，而对金块和沙弗林相对较小的需求主要限于联合省，比如旁遮普和马德拉斯以及孟买，他们需要沙弗林和金块主要是作货币使用。

那些认为金币的使用趋势应该得到进一步的鼓励的人，主张采用三种方法促进金币使用的发展：为在孟买铸造沙弗林作出安排；铸造面值 10 卢比的具有印度特色的硬币；与 1900—1901 年一样，政府蓄意强制沙弗林进入流通领域，强制目前不熟悉沙弗林的

---

① 本书第 54 页表格中的第 4 和第 5 栏中，不同年份数字的波动，部分可以用汇率的状况进行解释，并不全是因为偏好沙弗林。

② 孟买的总会计师曾经说过(见《1911—1912 年纸币报告》)，大量进口沙弗林的“主要原因”，是马德拉斯和加尔各答往孟买进口黄金的电汇汇费下降了(从 1/16%到 1/32%)。毫无疑问，与政府汇兑率相比，从伦敦往马德拉斯和加尔各答的汇款汇率，较之以前使人们稍稍有点偏爱于接受黄金，但与决定汇款汇率的其他因素相比，这个差额似乎过小，因为这个变化已经施加了全部的影响。

地区熟悉沙弗林，政府的强制行为甚至做到这种程度，即拒绝发行更多的有需求的卢比。

60 我已经将这些提法按它们可能具有的影响效率排好了。我觉得第一条，即在孟买铸造沙弗林将会增加沙弗林的货币用途，没有什么理由。我们可以辨别出金条出现在孟买并用于铸币的四种情况：

1. 为此目的将会有意从英格兰进口黄金，或者，偶然的情况下，金条进口商算错了对金条的需求，因此愿意将金条出售给政府。

2. 可以想象，印度金矿主会发现，暂停近年与英国黄金提炼厂的合同安排，将自己的黄金（每年大约 200 万英镑）售与孟买的铸造厂，可能要好得多。但无论他们发现这样做值或不值，都要取决于印度黄金提炼的设备和孟买铸造厂给他们的条件。

3. 民众的习惯可能正在改变，这样，来自英格兰的新的黄金进口将会停止，人们也愿意摆脱他们既有的使用金条和黄金饰品的习惯。

4. 在饥荒或萧条时节，在民众倾向于将自己最后的资产变换成货币的时候，他们可能会将金条和黄金饰品卖给铸币厂。

假如孟买铸币厂没有就硬币铸造提出比大不列颠更优惠的条件（我推测也不会），从英格兰进口金条并在印度铸币而不是在英格兰铸币的可能性，极不可能出现。但如果发生了这种事情，我们就没有必要再去考虑了。铸币的地点无关紧要。在我们上文提出的所有其他可能发生的事情中，黄金进入铸造厂不是要满足对新的金币的需求，而只是因为金矿主愿意出售黄金。出售者将视自己的便利接收沙弗林、纸币或卢比（因为前者总是可以与后者交

换）。在第 3 和第 4 种情况下，政府或许会被迫最终出口自己铸造 61
的沙弗林，并承担出口成本和铸币成本。

因此，在孟买铸币的主要结果（假设孟买的铸币条件实际上与英国的铸币条件相同），就是印度的黄金出售者节约了一小笔开支而已。金条的进口商也会因为误算，偶然避免了一小笔利息损失；印度的金矿主在政府负担的情况下，也能拿到非常多的红利；民众将自己的窖藏黄金兑换成钱，也能够节省将黄金送往英格兰的费用。相应的成本将落在政府头上，首先是铸币费用，有时候还有之后出口的费用。这些结果，不管称心与否，与货币问题都没有多少关系。其中最后一个结果——即能够轻易地将手中的窖藏黄金变成钱——似乎很让人称心如意。但所有这些结果会造成费用更为低廉，无需在孟买建立一家铸币厂。如果政府愿意公布打算购买金条的条件，情况则更为完美。如果政府公布自己的意愿，打算在印度按照每盎司 58 卢比 5 安娜[①]的价格购买印度供应的金条，事情真的会便利很多（如果可以的话，按照现行体制用白银或纸币或伦敦英镑汇票或沙弗林来支付）。[②] 政府的作为有时也会牵扯到出口成本，但我相信，这个成本是政府必须承担的成本，就像有了一家铸币厂那样，然而，铸币厂自身的成本却节省了下来。正如前文所建议的那样，政府公布意愿，比之建立黄金铸币厂更具有印度货币体制的真实精髓，而且也有效地为公众提供了便利，减少了政 62

① 与英格兰银行正常的黄金价格相当。

② 目前，货币办公室可以发行纸币，但只能根据总监理官的要求，按照 1 卢比交换 7.53344 格令的金衡制交换。自 1907 年 4 月 1 日开始，除了沙弗林和半沙弗林以外，印度铸币厂收进金块和金币的行为，已经因为印度政府的通知而停止。

府开支。但铸币厂的建设可以用较小的耗费满足一种愚昧的虚荣心。有时候，顺应民意，比某种意义上廉价的风头主义的其他花费带来的祸害更小时，政府回应民众的诉求（虽然我怀疑，事实上是否存在这种诉求），有时还会产生一种民主的愉悦感。

前面的评论同样适用于第二类提议：即在印度铸造具有印度特色的金币。然而，一枚 10 卢比金币（13 先令 4 便士）的存在，很可能使黄金作为货币的用途普及开来，其原因很大部分是因为这可能是一种较小的、因而更方便的货币单位。[①] 我们很难就一种新的硬币在当地的受欢迎程度做出预测。另一方面，引入一种新硬币并增加货币的混乱，一般而言并不是什么好事，除非对普及黄金存在异议（这点我们稍后讨论）。至于出口，在经济萧条的时候，10 卢比金币不值一枚沙弗林的 2/3。而且，沙弗林很快就成了典型的国际金币，其使用范围超出了大英帝国的疆界。1911 年，英国铸造了 43305722 枚不列颠沙弗林，即 33375455 英镑，其数量大大超过了当年世界其他国家铸造的全部金币。与之竞争的金币除非表明自己具有明显的优点，否则不可能在印度立足。

第三种政策，即政府采用积极措施使更多的黄金进入流通领域的政策，似乎不会得到采纳。如果这项政策得到采纳，我们很难说这项政策会不会成功。强迫民众使用一种硬币并不是推广这种硬币的最好方式，如果不想人们使用卢比，可能卢比会有小笔升水，或者黄金会有小笔折扣，这种情况无助于黄金的推广。

然而，也有可能出现这种情况，如果普及黄金使用令人满意，

---

① 但我没有见到有证据表明，半沙弗林因为自己较低的面值而受到欢迎。

也有可能找到在某种程度上实现这个目标的方法。事实上，主要 63
问题还在于这一政策是否是正确的政策。克鲁爵士（见他 1912 年 11 月 14 日在上院的发言）“有信心期待在印度人民中增加黄金的使用，尽管印度全国在习惯和喜欢金币之前，可能还有一段漫长且不确定的时光”。他应该满怀信心而又满意地期待这一结果吗？

我要毫不犹豫地说，我对这一问题的回答是否定的。反对这一政策的主要观点有二：第一是一种一般性观点，即让金币成为实际的流通媒介是一种奢侈和浪费，第二种观点尤为适用于印度，如其拥护者所宣称的那样，金币的使用会削弱而不是增加货币体制的稳定性。

我们首先考虑一下，普及一种金币可能会带来多么严重的损失，要花多少费用。在过去的十二年中，政府因为铸造卢比而积累了一笔大约有 2100 万英镑的利润；用于投资的那部分纸币储备现在每年得到约 30 万英镑的利息。因此，从使用廉价货币而放出的利息推测，年收入的总量已经达到 100 万英镑。由于纸币的使用迅速增加，所以这笔收入在未来将表现出稳定增长的态势。如果印度金币的引入能够获得成功，这两个利润的来源都会遭到毁灭性的损害，如果在普及纸币使用方面有时间发挥全部效应的流通制度实际取消之前，就引入了纸币的对头，其结果将会更加糟糕。

但我认为，金币的拥护者不会否认，使用金币会让国家产生额外的费用。他们拥护自己的政策是基于金币可以尽一切可能确保货币体制的稳定，为达成这一目的承担一些费用还是值得的。我

64 认为，这可能表明，这一政策大体上具有确定无疑的负面效应。

有人建议，货币应该由卢比、黄金和纸币组成，卢比仍然占据支配地位，但黄金的构成比例明显高于目前的比例。在既不会损害货币准备金，也不会损害金本位准备金的条件下，较高比例的黄金注入很有必要。如果黄金取代了纸币，黄金将会减少，如果黄金取代了卢比，卢比将会减少。

这种看法不言而喻地假设，危机时刻从流通领域中撤走的部分，多数是流通领域中的黄金。

在我看来，这一假设毫无根据，与一般经验相悖。危机时刻，信用硬币才是公众最渴望拥有的货币。银行家和其他人将尽可能以黄金形式保有手上的过剩货币，解入政府财政的会是卢比（绝大部分）而不是黄金。

因此，向流通领域注入更多的黄金必然会削弱现有储备，但不会相应减少政府应谨慎持有的这一储备的数量。一旦货币量的减少成为了必然（一旦这样做，必然减少），政府的状况将比目前更加恶化，除非从流通领域中撤走的大部分是黄金，而不是卢比或纸币。这并不是一个可以据之采取审慎行动的预期。

我已经征引了戈申爵士最近的权威说法以支持黄金储备中心地位的观点。戈申在同一场合的讲话中还有一段话与这里的问题有关（他提议英格兰发行 1 英镑纸币的方案）：“从国家的利益和货币目标出发，我更愿意英格兰银行有可供我们支配的 2000 万英镑黄金，而不愿意有 3000 万沙弗林在公众手中……如果开始发行
65 （1 英镑的纸币）并被买走，我们将掌握 2000 万英镑的中央黄金储备，这是一笔与我们无法掌握的 3000 万沙弗林相比更无法计量其

强势地位的储备。”

事实上，对于一个每年都有极大不同的货币需求的国家来说，有两个维持稳定的途径：一是其货币几乎全部是黄金，一是政府手上必须集中有充足的储备。如果流通领域中只有 1/4 或者 1/5 的通货是黄金，我不认为在必须将流通领域的黄金缩减到 1/6 或者 1/7 的时候，政府依赖这一点黄金能做什么事情；反之，如果黄金就是政府的储备，那么，全部黄金都可以为政府所用。

出于便利和经济的明显原因，在任何情况下，印度流通领域中很大一个部分一定会是卢比。设想借助于黄金某种程度的增加，就可以使一枚真正的金币获得优势，是徒劳的。如果政府耗费了国家的一部分英镑财源——在货币中增加黄金注入的提案相当于这个意思——那么很明显，在应对危机的时候，他们的情况比将黄金集中于自己的金库要更为糟糕。

因此，鼓励使用黄金就会有代价，同时也会降低安全性，还有一个与上述说法相关并且极为重要的反对使用黄金的观点。

如果只是打算用黄金替代卢比而不是替代纸币，而且，黄金替代卢比的程度大到沙弗林会在萧条时节从货币中流出，我们或许要就这种情况做一说明。对于印度来说，有这么大一部分的货币采用的是贵金属硬币形式，确实非常不利，因为在卢比减少了一半
金属名义价值的情况下，卢比的发行增强了储备。因此，对政府储 66
备的危害程度会更小一些，当然，这是在黄金替代卢比而不是替代纸币的情况下。但这是最不可能出现的情况。对相对大笔的支付来说，可能会逐渐开始使用沙弗林，因为沙弗林基本上抵得上纸币的使用，而对于小笔支付来说，印度的小笔支付合计起来总量非常

大,沙弗林不可能像在英国替代先令那样替代卢比。

1911—1912 年货币监理官收集的报告已经明显显示出,黄金已有了取代纸币原有地位的趋势。黄金在旁遮普的迅速普及,在很大程度上是因为这样一个事实,即纸币从来没有在那里得到认可。[①] 用白银支付大笔支付的不便之处也很明显,[②]获取黄金的便利性自然使得黄金大受欢迎。最近两三年的事情或许也大大伤害并延缓了纸币在北印度的使用。另一方面,在孟加拉和东孟加拉,黄金的使用进展缓慢。这种情况可以用这一事实进行解释,即这些省份的民众更习惯于使用纸币,在某些情况下,纸币甚至会被用于储备(参见第 116 页)。如果政府试图采用任何方式进一步推动黄金在孟加拉的流通,他们可能会让自己的纸币发行受到危险的一击;反之,如果在黄麻贸易中鼓励用纸币替代卢比,纸币将会在流通中大量增加。也有报告说,在缅甸的稻米贸易中使用黄金,主要是取代纸币。从上文提到的报告(1911—1912 年货币监理官从旁遮普各区县收集的报告)中摘录的下面这段引文说明了这个观点,即宁可要黄金也不要白银,是因为黄金更方便携带,而纸币之
67 所以不受信任,是因为没有普遍的可兑换保证。[③]

> 古吉兰瓦拉城印度地主(zamindar)宁愿用黄金为自己的谷物标价,因为他可以轻易地带走黄金,也能方便地进行兑

① 旁遮普国民银行经理在 1911—1912 年的报告中说:"纸币在整个旁遮普省(拉合尔除外)不受欢迎的原因,是纸币只能按较大的折扣兑现,因此无疑引致沙弗林的普及。现在迫切需要一种便于携带且与面值等值的货币媒介,沙弗林满足了当前的这种要求。"

② 6000 英镑卢比的重量大于 1 吨。

③ 为了消除这种想法,政府应该让官员们尽可能接受并自由兑换纸币。

换，而且，如果有必要的话，也能轻易地出手。他不喜欢任何面值的现钞，因为现钞无法轻易兑换，收受白银又意味着运输成本以及较大的被劫风险。运河承包商也很高兴收受黄金作为自己的收入。有的人还注意到，就连远离文明的小村庄，也能兑换沙弗林，但纸币，哪怕是面值 5 卢比的纸币，在最土的村子、甚至在有钱人的村子，也得不到信任。而沙弗林没有这些麻烦，不会被人问及棘手的问题，也不会被打折扣。

章县——民众喜欢要黄金，因为黄金比白银货币的麻烦要少些。

古达斯普尔——运输的便利性是谷物商人愿意要沙弗林而不要白银的原因。

安巴拉——在城市和乡村，沙弗林替换纸币的速度要比卢比快。

本努——黄金正在缓慢但稳步地替代纸币。

罗塔克——（由于黄金的增加）人们已经注意到 1911—1912 年纸币的使用正在相应减少。

卢迪亚纳——（由于黄金的增加）纸币的发行正在相应减少。

这些具体的陈述通过综合统计数据得到了证实。最近对 10 卢比纸币在旁遮普和孟买的使用情况进行统计，并与孟加拉的情况进行了比较。统计结果有力地说明，这些省份中黄金使用的最新发展趋势已经损害了纸币的使用。“报告称，在旁遮普，（1911—1912 年）农产品交易的大笔支付从没有使用过纸币，某种程度上，甚至在商人的日常支付中，黄金也替代了纸币。”根据这些事实，对于上个世纪中叶“理想”货币准则的永恒权力而言，这种情况是一种了不起的赞词，也就是说，主管官员应该欢迎黄金的外流，以此拯救他们的货币体制。

68 在结束这一话题之前，我还想强调与此有关的、现时在印度发展纸币的使用为什么如此重要的一个特殊原因。推进纸币发行的普及化，并避免刺激其对手的发展，是一件极为可取的事情，这不仅是因为当下的经济原因或因为储备的集中化可以增加通货的稳定性，而且还因为，在一个支票的使用年头不长、且支票还没有占据主导地位的国家，我们或许能够将通货的季节性伸缩控制在一个合理范围之内。这个问题我已经在第三章提了出来，我还会在第六章和第七章回过头来再进行讨论。

现有货币体制的一个不太重要的间接后果也值得一提。与购买政府票据或汇票（见第五章）相比，如果让黄金进入货币储备比纸币或卢比进入货币储备更便宜，那么，黄金就会进入货币储备。如果流通领域或贮存需要沙弗林，或者沙弗林成为黄金交易商获得黄金的最便宜的方式，那么，沙弗林就会流出货币储备。我们有理由思考一下，出于后一个原因的沙弗林的大量流出，因为这种流出正是我希望稍加详细检讨的问题。货币办公室公布的数字显示了每月流出金库的沙弗林的数字。这些数字表明，在冬季几个月的旺季出现一些货币退出流通领域的现象时，也是对通货和货币储存的需求处于高峰之际（因为这时候，丰收了的谷物种植者要出售自己的谷物并将自己的储蓄变换为硬币）。夏天的情况也是如此，总而言之，在最不可能因为这一目的而需要额外的货币供给时，就出现了稳定而大量的货币流。我认为，一个简单的算术计算就可以为这一解释提供证据。因为通常情况下，伦敦金块的价格是每盎司 317 先令 9 便士，而沙弗林的价格是 317 先令 10 又 1/2 便士，印度汇率的黄金输入点略低于沙弗林的输入点。因此，在汇率较高的时候，印度的黄金购买者会发现，在伦敦购进汇票，在黄 69
金市场购买黄金，然后船运至印度，比到金库按 1 先令 4 便士的价格购买沙弗林更合算。但如果汇率较低，情况则相反，你可以按 1 先令 4 便士的价格尽可能多地从金库获取黄金，这也比较划算。我不能肯定这一分界线到底在哪里，[1]但如果电汇价格是 1 先令 4 又 1/8 便士，那么，在伦敦购买金块确实更为划算；而如果电汇价格是 1 先令 4 又 1/32 便士，那么在印度购买黄金更为划算。

实际上，这些考虑因为这一事实而有所改变，即印度的许多黄金购买者对英国制造的小金条情有独钟，因此，这些小金条比同等重量的沙弗林更为值钱，印度全年都在进行这种形式的黄金进口。但对于很多非货币用途而言，沙弗林与其他形式的黄金一样让人满意，或基本让人满意。如果汇率相对较低，对于怀有这些目的的印度黄金交易商而言，印度财政部就是最便宜的黄金供应来源。于是，在夏季的几个月里，黄金交易商们将一直从国家金库获取黄金，只要财政部愿意为他们提供黄金。由于印度全年都向公众供应黄金，因此在夏季月份，政府会失去黄金交易商所需要的黄金数量。那么，每流出一枚沙弗林，政府就损失大约 1 又 1/2 便士。通过比汇率平价更优惠的价格出售汇票，黄金可能一直存放在英格兰。在全年黄金有效供应的情况下，经由黄金交易商之手的年流出量，大概不会少于 200 万英镑。这样，现在这些习惯做法产生了

① 见本书第 79—83 页对运送金块到印度的成本计算。

一个重要的间接效应，即允许黄金交易商在夏季按照比其他价格略微便宜的政府价格，获得黄金。

众所周知，印度将自己绝大部分的资源浪费在了不必要的贵
70 金属积累之中，政府一点都不应该鼓励这种根深蒂固的囤积黄金的喜好。在公众舆论允许的最大限度内，减少该国储藏和流通领域中的贵金属，就一定能抵制这种不文明的浪费习俗。

相对于西方国家的伟大进步，考虑一下印度过去盛极一时的对贵金属的狂热，是一件很有意思的事情，尽管这种狂热对他们自己的经济发展是灾难性的。每个人都知道，杰文斯将印度描述为贵金属的储藏地，这个贵金属储藏地时刻准备吸收西方过剩的黄金，拯救欧洲，使其免于价格水平的极度动荡。最近几年，在南非金矿的生产量已经达到了顶峰之时，印度也一直在完美地发挥自己的贵金属储藏地的作用。印度的物价一直在上涨，上涨速度不仅快于经济健康时的水平，而且在某种意义上对大不列颠这类债权国家极为不利。因为这些债权国的大笔放款，是按照黄金固定汇率每年支付一次利息。我们有理由认为，没有印度需求的帮助，价格仍然会快速上升。从短期观点看，在印度的黄金需求在一个不合时宜的时间内表现出来的时候，伦敦金融城有时候就有烦恼；但如果我们从长期观点看，尤其在类似于当前这种黄金大量供应的时候，印度的黄金需求就是伦敦金融城真正的朋友，通货膨胀的敌人。

另一方面，如果有一天，印度人明白了要戒除自己这种带不来利益的习惯，转而将自己的贮藏投入生产性行业，用于给自己的田地施肥，他们将使世界货币市场任凭他们摆布。过量的黄金与短

缺的黄金一样，也能危害到经济。在过去的六十年中，人们猜测，印度除了之前的累积之外，已经吸收了 3 亿英镑的黄金(巨量的白银除外)。我们能够推测，如果印度不再需要新的黄金，而且开始吐出自己巨额储备的一部分时的情况，印度应该循序渐进进行这件事情。但如果这种变化出现之时，正值一轮新的巨量黄金生产之际，印度的变化仍然可能使世界陷入黄金价格的大幅度贬值中。71

然而，如果印度因此扭转了局面，占了西方的上风，西方也不会落后太长的时间。一旦欧洲完善了自己以金本位为基础的汇率机制，欧洲诸国将发现，或许自己将在更理性、更稳固的基础上，规制自己的价值本位，这一时刻可能不会为时太遥远了。但我们不可能永久放弃自己最熟悉的经济机体的调节机制，任凭自己受幸运的探矿者，或一种新的化学过程，或亚洲的观念变化的摆布。

第五章　政府票据和汇兑

通过所谓政府票据进行汇兑，是印度货币体制独有的特色，就我所知，世界上任何地方都找不到与之相似的东西。政府票据的出现，部分是因为历史的机缘，即印度政府是一家贸易公司的继任人，部分原因则是，印度政府每年必须汇兑给英国大笔款项。

印度政府必须在英国进行货币支付，即必须支付债券利息、养老金，付款给陆军部以及政府存储金（不应税本金）等，每年总量大约为1900万英镑或2000万英镑。除了我们稍后将会讨论的一些特殊汇兑以外，必须汇兑的数量通常而言少于这个数字；原因是，英国政府每年在英国的新筹资总额，通常会超过他们在英国的资本偿付和铁路物资等方面的资金支出。因此，每年必须汇到英国的数量在1500万英镑和1800万英镑之间。相当于这个数量的卢比以及部分岁入税赋，都积攒在印度财政部。这笔钱可以通过出售伦敦英镑汇票而汇往英格兰，也可以在加尔各答兑换成卢比。那么，如果印度事务大臣提交了票据，印度政府在加尔各答付出了卢比，印度事务大臣在英格兰银行的户头上就多出了一笔相应的数额。

因此，政府是外汇市场最大的交易者之一，比如殖民政府本身也有一笔经由银行来完成的一定数额的类似交易（尽管规模小很

多）。但当政府要为自己节省一笔本应支付给银行的佣金时，无论 73
在何种意义上，政府并没有成为商业银行的竞争对手。第一，除非有特殊情况，政府也只是单方面出售外汇。第二，印度事务大臣出售外汇的方法，使他只与汇兑银行和金融部门打交道，而不会直接与公众交易。事实上，印度事务大臣是印度票据的终极来源，银行为私人票据提供担保后，也会从他那里购买票据满足他们汇款往印度的需要，当然，如果他是按某种价格卖给他们票据，这种价格通过汇兑比运送沙弗林去印度会更为便宜。出售这些票据的方法如下：

每周三早上，英格兰银行在伦敦为票据出价招标，印度事务大臣之前在印度参事会（India Council，由此这一票据称为政府票据[Council Bills]）就宣布了招标数量（比如 700 万卢比）。印度事务大臣手中有一个（不公开的）保底价，低于这个价格他不会售出票据，但是，这个保底价很少发挥作用。[①] 投标者说出投标量以及自己给出的每卢比的便士数目。然后，700 万卢比的全部数量就会分给出价最高的出价人，按已接受的最低价格并按与此价格相应的数量分配到投标人手中。

如果需求较大，而最低分配价格较高（比如说 1 先令 4 又2/32 便士），下一星期放出来的招标量（与之前的分配结果同时宣布）就会增加。在分配当天与下周三之间的这段时间里，印度事务大臣按比上周三最高分配价格还高出 1/32 便士的价格出售众所周知

① 但是，这个保底价在 1913 年 3 月中旬发挥了作用，当时，还没有确定全部投放总量，低于 1 先令 4 便士的报价被驳回，后来接受了低于 1 先令 4 便士的报价。

的“特别票据”。

74 这里还要多说一句，投标人一旦拿到了分派的票据，就必须在伦敦用现金为这些票据结账，但是，因为邮递要花时间，所以大约有两周的时间他们无法在加尔各答将英镑兑换成卢比。这样，就损失了两周的利息，所以，值得额外付出一笔钱采用所谓的“电汇”。如果采用电汇方式，只要沙弗林进入了印度事务大臣在英格兰银行的户头，投标人在加尔各答就可以拿到卢比了。

因此，印度事务大臣通常会用比每卢比票据价格略高 1/32 便士的价格售出电汇票据。① 如果购买者选择了电汇，结果是，他会提前两周在印度拿到卢比，同时，他也要为这两周的特权支付一笔5%的额外费用。问题在于，购买者支付的这笔额外费用是否值当，这主要取决于印度的银行利率，因为这一银行利率决定了即时在印度拿到钱后能够获得的利息数量。当然，也可能出现这种情况，即某家银行或许在印度有紧急资金需求，或者，两周的贷款利率与银行利率不太一致。但一般而言，如果票据购买者可以在印度按不高于 3%的价格将钱贷出去，他一定会偏向于拿票据；但如果他能在印度按 7%的价格借出钱，对他来说，购买电汇更为有利。

我们的经验与这些期望相符，如果印度银行利率较高，而且开始实施两种价格之间 1/32 便士的差价之时，几乎全都会要求电

---

① 这个规则大概是这样，只要印度银行利率低于 9%，汇兑的额外费用为每卢比 1/32 便士；印度银行利率为 9%或 9%以上，则汇兑的额外费用是每卢比 1/16 便士。1906 年 12 月到 1907 年 3 月间，实施过 1/16 便士的差价。1904 年以及之前年份，在印度银行利率超过 6%的时候，实施了 1/16 便士的差价。

汇，对银行家来说，如果他正好在印度有卢比闲置，这种做法对他来说很方便，印度事务大臣也有利可图。

购买者可以选择在加尔各答、孟买或马德拉斯兑付票据和电 75
汇。马德拉斯的提取量相对较小，加尔各答可提供总额约45%的提取量。

截至1900年，政府票据在每个年份的销售量主要由支付国内费用所需数量决定。这个数量部分也取决于该年度借入资金的数量。然而，根据印度事务大臣按满意的价格出售票据的机会(取决于商业活动和贸易平衡)看，票据的销售也有波动，尽管在多数年份，这一波动都只在一个相对较小的范围内。但自1900年以来，政府票据制度的作用扩大了，目前，这一制度已经成为维持金汇兑本位的常规机制之极为重要的环节。

我们很容易对上述机制产生的方式作出解释。因为按照条文，我们总是可以按照每卢比1先令4便士的价格在印度用卢比兑换沙弗林。对于银行来说，按照超过1先令4便士的价格，即多于将黄金运往印度之成本的价格来购买政府票据，从来都不值当。运送黄金的成本间或也有很大的差别。但很少超过1/8便士。因此，如果银行有汇兑往印度的需求，而印度事务大臣拒绝按低于1先令4又1/8便士出售票据，黄金就会流动。这些黄金将会出现在印度财政部，以便兑换卢比或纸币。这样，印度事务大臣拒绝按照适合银行的价格出售汇兑的唯一效应，就是英镑会汇集到印度财政部，而不是英格兰财政部。这一结果对印度事务大臣可能没有好处。比如说，如果银行大规模地将黄金送往印度，并用黄金兑换卢比，那么，只有靠铸造更多的卢比才能满足这种需求的时代就会到来，铸造卢比的白银肯定是在伦敦购买，铸币的利润也会记入金本位储备的贷方。根据我们下一章将会讨论的原因，这笔金本位储备大部分放在伦敦，于是，黄金最终会船运回英格兰去购买白
76 银，并最终贷记入金本位储备。在这种情况下，就会出现双重的损失：将黄金运往印度的成本（因为，如果印度事务大臣出售电汇，鉴于如果黄金流动，他只能得到 1 先令 4 便士，那么，如果他出售电汇，他每卢比能获得 1 先令 4 又 1/8 便士），以及再把黄金运回英格兰的成本，即 3/32 便士。所以，拒绝出售票据就意味着，最终的损失接近每卢比 1/4 便士，或大约每卢比 1 又 1/2% 的损失。再者说，在伦敦的现钞准备中保有部分黄金以备不时之需的政策，可能会使印度事务大臣偏向于把黄金囤积在伦敦，而不是印度。此外，实施这一政策，黄金将再次送回原地，也会与前面的情况一样，产生双重的损失。最后，如果印度事务大臣在印度拥有可观的现金余额，这就值得他在一段时间内兑现其中多余的政府票据，那么，实际上又将自己的结存汇兑回了伦敦。让他愿意如此行事的原因在于：第一，增加自己所保有的英镑现金余额的比例，使他在紧急情况下还拥有较大的头寸；第二，在当下按一个较好的价格出售政府票据，可以使他在以后无法按好价格出售票据的情况下，仍然能够偿付国内费用（在这种情况下，把现金余额从印度汇往伦敦是暂时的）；第三，可以使他在最合适的时候，有较多的头寸完成即将发生的贷款交易；第四，可以利用伦敦的现金余额小赚一笔利息。

对所有这些情况进行方方面面的考虑之后，在他蓄意琢磨到底是以牺牲伦敦的余额为代价，增加他在印度的现金余额，还是充实印度现金储备中的黄金部分，唯一值得印度事务大臣做的就是，

在黄金出口价格范围内拒绝出售票据。

因此，他将尽最大努力确定一年内计划安排的售出量（即，参考当年可能发生的资本交易和现金余额状况而调整的国内费用），但是，在他拒绝出售票据的情况下，如果汇兑需求大到汇兑率上升 77
到黄金输送点，他将售出多于这一数额的票据。用年度预算的话说："委员会提款的估算量，是必须满足印度事务大臣需求的数量，但如果需要满足贸易需求的话，将出售额外的票据。"

我们来概括一下到这里为止的讨论，同时也强调在第一章结尾处讨论的观点，正如许多评论所主张的那样，印度通货的流通量并不取决于印度事务部随意销售的政府票据的数量。就政府票据的出售只是为了满足政府资金从印度汇往伦敦这一普通目的来说，人们可以在印度从政府总结存那里兑现这些票据。但是，在他们大量出售政府票据的时候，为避免必须拿出沙弗林的情况，这里就不可能有充足的卢比。一个权宜之计是从纸币准备金或金本位储备的二级白银准备金中拿出部分卢比，向伦敦英格兰银行"专用账户"的二级储备账户，支付一笔相等的数量，[①]或者，用英镑进行支付。另一方面，如果印度参事会拒绝大量出售票据，黄金将被输往印度，进入纸币办公室，并用票据或白银交换卢比。在任何情况下，不由政府掌握的印度通货量，都有相同的增加，因此，有自己的途径进入印度流通领域的通货量，与印度事务大臣的行为完全无

① 因此，大量出售政府票据可能出现的效应是，黄金拨入印度在英格兰银行的黄金专用账户。对印度货币体制之误读程度，可以从英国一份重要报纸最近刊发的一篇讨论货币的文章中窥见一斑。印度事务委员会增加的政府票据投放，是希望能延缓对英格兰银行印度账户中专用黄金的需求。

关。在汇率达到运送黄金也差不多可以赢利的一个点时，才会出售异于平常数量的政府票据，如果不出售政府票据，就会代之以出
78 售沙弗林（会白费运送沙弗林的费用），而印度政府则不得不拿出卢比与沙弗林交换。这个点的重要性，在与通货及其与价格之关系的讨论中，经常被人提出，也就是说，进入流通的卢比在某种程度上取决于政府销售的政府票据，因此，政府可以随意根据一时之政策，扩张或紧缩卢比流通量。从宽泛的意义上说，这种说法不对。即使政府打算通过降低价格（由于卢比的正常价格与英镑挂钩计量，所以，一便士的价格也同样降低）售出额外的票据数量来推进卢比在流通领域的流动，并打算在长期内继续这一政策，其永久性效应最多也就是与这个数量相称，而这个数量会降低用英镑计价的卢比的平价。可以想象，如果政府打算实施这一政策，这是行政力量可以决定的数量。事实上，政府从来没有实施过这一政策。

然而，如果储备中的卢比存量较低（为了确保方便地用卢比兑换票据，储备中一直备有大量卢比），伦敦就要售出更多的政府票据，多于加尔各答可以用上述方法轻松兑现的量，这样，铸币厂就必须发行更多的卢比。铸币厂铸币所用的白银是用出售额外的政府票据的收入从伦敦买来的。由于卢比本身比卢比铸币中含有的白银更值价，所以盈余记入金本位储备的贷方。根据目前的实际情况，在这些条件下的这一过程也是自发过程，因此，投入流通的新卢比的数量，并不取决于印度事务大臣出售或扣留政府票据的任意行为。如果他不出售票据，沙弗林就会送至印度，在这种情况下，印度政府有责任用卢比来交换所需要的沙弗林，并将沙弗林送

往铸币厂铸造新卢比。大部分沙弗林可能会以某种形式记入金本 79
位储备的贷方，或再次运回英格兰用于购买白银。

事实上，如果采用不同的做法（1907 年部分采用了另一种做法），如果铸造卢比的利润不是记入金本位储备的贷方账户，而是让印度政府转而花费到商品和服务上（不论是做投资还是其他用途），流通中的卢比暂时会多于其他情况下的卢比量。但即使在这种情况下，只要维持卢比兑 1 先令 4 便士的规定仍在执行，流通量的影响效应肯定是暂时的。因为这些额外增加的卢比发行最终会推迟未来的额外铸币需求，或者，会在某一时刻加速流通中的卢比流失。

因此，虽然在某种程度上，在政府权力范围之内（尽管不是根据他们通常的做法），政府会**更加迅速地**迫使较之必需的数量更多的卢比进入流通，但他们不能在不打压卢比的黄金价格的情况下，**永久性**增加流通量，这就是说，他们不能在永久性增加本应是那个数量的流通量的同时，还能将卢比价格维持在 1 先令 4 便士。这里或许应该多说一句，依据任何其他储备释放卢比，或者，每年由政府从海外筹资并用于印度的资本金数量的暂时性增加，都与根据金本位储备释放卢比具有相同的效应。但到目前为止，印度政府事实上**并没有**行使这种可以影响流通量的相机抉择权，哪怕临时使用这种权力的情况都没有。

我已经说过，运送黄金到印度的费用一般不会超过每卢比 1/8便士。因此，印度事务大臣（自 1904 年 1 月以来）发布了长期有效的通知，即他将按 1 先令 4 又 1/8 便士出售票据。截至 1900 年 1 月，他一直负责按 1 先令 4 又 5/32 便士的价格无限量

80 地销售电汇，自那时以来，人们通常都希望他一直这样做下去。[①]然而，将黄金运送往印度的成本取决于复杂的因素，而且不同时期有很大差异，并且常常大大低于 1/8 便士。因此，对于印度事务大臣来说，要准确了解黄金价格在哪一点上，黄金将成为票据汇兑的重要对手，并非易事。无意之中，票据价格就到了一个点，在这个点上，运送黄金更为便宜，这种情况并不是不常见的现象。扼要地考虑一下影响黄金输入点的种种原因，将是一件非常有意思的事情。[②]

黄金从一国汇兑到另一国家的费用，由保险费、运费和利息损失构成。保险费有时候也可能有差异。比如说，最近从伦敦运往亚历山大的沙弗林在途中被劫之后，凡运送经过被劫路线(不来梅和的里雅斯特)的黄金，运费的报价就会翻倍，从 1 先令 3 便士上升到 2 先令 6 便士。还有，最近有人说，如果邮船上装载了 150 万英镑的黄金和白银，还要装更多的黄金上船，那么，如果保险受理人打算为单艘船上的大笔黄金保险的话，保险商会提出高于通常保费的保险费，否则就不予受理。但如果是从**英格兰**船运沙弗林，保险成本会有差别，而运费相对较低。黄金输送点上出现费用差异的**主要**原因，要么是有可能从**其他来源**搞到沙弗林，要么就是利率有差别。

① 有两个时机中止了这种做法。一是 1900 年 1 月，当时价格上升到 1 先令 4 又 3/8 便士；一是 1906 年 12 月到 1907 年 3 月，当时价格上升到 1 先令 4 又 3/16 便士。在第二种情况下中止这种做法的理由在于，电汇汇费超过了依据于印度银行利率的票据价格，这一规则发挥了作用(见第 74 页)。议会副议长(1912 年 4 月 30 日)在下院就这一主题回答提问时所做的陈述，并不正确。

② 关于外汇的过时论文常常给学生留下这样的印象，黄金输入点是已知的、稳定的一个点。印度的例子很好地说明，这种说法与真相相差太远。

这些其他来源有两个途径，一是从澳大利亚运来沙弗林；一是埃及准备用于出口的沙弗林。由于印度位于澳大利亚和英格兰之间，所以，从澳大利亚运送沙弗林到印度比从澳大利亚运往英格兰，自然要便宜(主要是因为利率损失较少)。我们假设，澳大利亚 81
的交易情况如下：从澳大利亚往英格兰汇兑沙弗林无论如何都要付费，假设为简单起见(事实上也没有什么实质性的亏本)，我们还假设，从澳大利亚运送黄金往伦敦的运费和保险费，与澳大利亚运送黄金到印度相同。那么，如果澳大利亚的沙弗林在印度下船，汇兑沙弗林的银行可以在伦敦收到与运送到印度的沙弗林相抵的现金，银行至少可以早两周收到自己的钱。因此，银行可能愿意在伦敦接收 1 先令 3 又 31/32 便士，而不是送往印度的 1 先令 4 便士(1/32 便士是按每年 5%而收取的 1 先令 4 便士在两周的利息)。用这种方式购买黄金并马上送到印度，实际与电汇相同，也就是说，每卢比比政府票据多值 1/32 便士。因此，如果政府票据的价格超过了 1 先令 3 又 15/16 便士，作为一种向印度汇兑的方式，黄金就会从澳大利亚装船运至印度与票据竞争。当然，在通常情况下，一家澳大利亚银行也能因为向印度运送黄金而拿到多于 1 先令 3 又 15/16 便士的钱。我在这里只是说，印度事务大臣不能寄希望于在澳大利亚大量出口黄金之时，压低澳大利亚的黄金价格，除非他准备把自己的政府票据价格压低到这一水平。在这些情况下，如果他在英格兰而不是印度需要黄金，他最合算的做法，就是自己买入黄金运送至英国，再按一个合适的价格售出电汇。①

① 值得他这样做的理由在于，用一次交易将黄金从澳大利亚运往伦敦的费用，少于将黄金从澳大利亚先运往印度，再从印度运往伦敦的二次交易的费用。

1905—1906 年和 1906—1907 年，就大规模地做了几单这种交易。

埃及的多余黄金就不能像澳大利亚的多余黄金那样，严重压低政府票据的价格，因为，埃及正好位于澳大利亚与英国之间。为了准确说明这一情况，①我们假设，黄金从埃及输送往伦敦的费
82 用，与黄金从埃及输送往印度的费用基本相同，一家不管怎么样都打算船运沙弗林的埃及银行，会在伦敦接受 1 先令 4 便士②以上的任何价格。这当然是极端的情况。如果政府票据高于 1 先令 4 便士的价格，比如说 1 先令 4 又 1/16 便士，在从埃及船运黄金到伦敦无利可图的情况下，亚历山大的汇率可能会达到从埃及船运黄金到印度并在伦敦支付的有利可图的水平。如果我们仍然使用上述假设条件（并不肯定准确），如果政府票据价格约为 1 先令 4 又 1/16 便士，伦敦外汇市场的亚历山大汇率低于平价，那么，埃及的黄金就会与作为印度汇款之工具的政府票据展开竞争。当然，从这一来源而产生的汇兑供应，通常多少有些有限。在上述条件的影响下，如果有黄金从埃及流向印度，这种情况就会对亚历山大的汇率起到坚挺效应，通过改变上述条件，使黄金的持续流动减少。埃及的黄金之所以有非常重要的实际意义，因为埃及的旺季比印度的旺季来得早些，所以，在冬季的几个月中，在埃及用来买卖谷物的黄金，就可能送到印度换成卢比，再在印度用于同样的目的。因此，每年秋季从伦敦流往埃及的黄金，很少再次回流伦敦，这也是埃及农夫无法留住黄金，只能让黄金流向印度的原因。如

① 我做的这个假设不一定准确，只是为了说明问题。

② 如果是在船运的时候支付，或提前支付，还可以少付一点钱。

我们之前所了解的，黄金开始流动的确切时刻以及流动的规模，主要取决于伦敦出售政府票据的价格，以及埃及棉花收获是迟是早的问题。但是，如果到了旺季的末尾，埃及的银行总会发现手上的黄金多于自己的需求，要想制止黄金向印度流动，就必须用相对较低的价格出售政府票据。因此，埃及银行和印度银行之间的交易，一定会出现非常棘手的套利问题。

或许，在印度事务大臣的权力范围之内，如果他愿意的话，他 83
可以通过出售政府票据的方式，规制黄金从伦敦向孟买的流动。但是，如果澳大利亚或者埃及有了合适的黄金，事情就不那么容易控制了。

我们已经对决定汇兑成本的其他因素——市场利率的变化——进行了讨论。1/32 便士相当于按照每年 5%的价格制定的两周 1 先令 4 便士的利息。这样，我们很容易就能计算出，黄金输送点如何在上下 5%的范围内，受到印度贴现率市场波动的影响。

到目前为止，我们已经讨论了汇率的上限，以及对政府票据的强烈需求造成的后果。汇率的下限在这一重要方面的影响完全不同，首先是政府并没有防止卢比贬值的法律义务，同时，也不会像他们承担的用卢比换沙弗林的义务，用沙弗林换卢比。因此，印度这个国家在法律上无法阻止汇率的无限下跌。自 1895 年以来，汇率实际上已经下跌到低于 1 先令 1 便士，但法律依然没有任何变动。然而，政府实际上已经承诺，尽一切力量防止卢比的黄金价值贬值，防止汇率下跌到 1 先令 3 又 29/32 便士的下限之下。如果政府允许汇率下跌到这一价格之下，除非所有可用的资源都已耗尽，否则商界人士会理所当然地视之为失信行为。

现在，我们可以明白，政府票据的管理和政府的汇兑与金汇兑本位制的密切关系了。从管理金汇兑本位制的角度看，印度因为没有政府银行而出现的缺陷，由于印度事务大臣是外汇市场最大的交易者而得以部分抵消。通过规制他拿出招标的票据数量，他就可以在很大程度上规制汇率的水平。如果汇率下跌到平价之
84 下，他可以最大限度地缩减招标数量而撑住汇率的下跌趋势；如果他无法为政府票据获取最低 1 先令 3 又 28/32 便士的价格，他可以从市场上抽走票据。当然，在这期间，他要在英国进行货币支付，而另一方面，由于收入的流入且没有人拿出政府票据要求兑现，卢比就会累积在印度。如果伦敦的现金余额不足以抵御现金的流出，英格兰银行的黄金就可能成为“非专用款项”，并被安排到印度事务大臣的活期账户里，同时，印度的卢比也从政府账户上转入纸币准备金中的白银账户，这一变化过程，与我们已经阐述过的政府票据的大规模出售的结果相似。

如果印度事务大臣的市场抽款行为以及印度市场上随之产生的政府票据的稀缺仍不足以将汇率支撑在 1 先令 3 又 29/32 便士的价位上，就要有更果断的措施。在这种最后关头采用的招数，是由加尔各答的印度政府按 1 先令 3 又 29/32 便士的价格抛出伦敦发行的英镑汇票，这些汇票可以在伦敦按金本位制规则兑现黄金。

在 1908 年的严峻危机中，这些措施充分发挥了自己的作用。这些措施在未来能否充分发挥作用这一问题，我们将在第六章讨论印度事务大臣的储备金时，进行详细讨论。

如果我们从讨论汇兑机制转而讨论政府汇兑问题，参考一下假设的印度事务部的资金平衡表格，可能可以得到更为清楚的解

释。下面是所有往来账户的收支平衡情况。

支出

国内费用 … … … … … …	x
“专用”黄金或伦敦货币储备中的证券购买支出	y
白银成本＋记入伦敦金本位储备账户的铸币利润	z
囤积于伦敦并用于印度的资本支出 … …	v
从印度汇往伦敦的现金结余 … … …	$\pm w$
	$x+y+z+v\pm w$

收入 85

从印度现金账中兑现的政府票据 … … …	$x-u+v\pm w$
从印度卢比储备中兑现的政府票据 … …	y
新铸币兑现的政府票据 … … … …	z
全部政府票据 … … … … …	$x+y+z-u+v\pm w$
净资本借贷(伦敦)… … … … …	u
总收益(伦敦) … … … … …	$x+y+z+v\pm w$

我将用一些统计数据为本章做出结论。

	1909—1901	1910—1911	1911—1912	1912—1913
	英镑	英镑	英镑	英镑
国内费用(净)[1]	18763000	18003000	18333000	18986000
英格兰在铁路物资和灌溉上的现金支出	5748000	5188000	5083000	7077000
英国金本位储备[2]	8090000	600000	—	1200000
记入英国现金储备	1000000	2545000	1985000	400000
白银购买	—	—	—	7059000
英国现金余额增加[3]	4815000	3898000	1693000	—
	38416000	30234000	27097000	34722000
政府票据和汇票	27096000[4]	26783000	27058000	25760000
印度汇兑的黄金	—	—	—	1928000

续表

英国的净负债[5]	11320000	3451000	39000	−2983000
英国现金余额的减少	—	—	—	10017000
	38416000	30234000	27097000	34722000

1 扣除了英国税收收入并略有调整。

2 股息和再投资利息除外。

3 不包括金本位储备结余。

4 扣除了印度在伦敦出售的票据。

5 扣除了因投资于年金保险而减少的债券，以及包括在国内费用中的偿债基金。

86 上面的表格对当前的国民账户做了分析，表中给出的基本资料比政府自己公布的账目更为清楚。我们可以用这些实际数据与第84—85页给出的假设的平衡表互为比较。

下面分析国内费用的主要项目。由于这些数据各年之间的差异不大，所以我们认为据此完全可以给出最近一年即1911—1912年的数字。我们会看到，大约有500万英镑用于养老金支出和留存补贴，1100万英镑用于支付债券，225万英镑用于支付军方（不包括养老金）。其他支出都为小额支出。

1911—1912年国内费用分析（英镑）

退休金和养老金（平民）… … … … … …	2063100
退休金和养老金（军人）（净）… … … … …	2471400
休假补贴 … … … … … … … …	426500
普通债券利息… … … … … … … …	2284700
铁路债券和公司存款利息… … … … … …	5268600
铁路保险年金和偿债基金… … … … … …	3623600
军费（养老金除外）… … … … … … …	2277400
其他… … … … … … … … …	1130200
… … … … … …	19545500

续表

利息收入	…	…	…	…	…	448000
其他收入	…	…	…	…	…	141600
						589600
						18955900

全部政府票据投放、政府票据投放的平均价格、最高价格和最低价格，以及近年来最高价和最低价的波动幅度，如下所示： 87

	全部政府票据提取	平均价格	最高价格	最低价格	波动幅度
	英镑	便士	便士	便士	便士
1901—1902	18500000	15•987	16•125	15•875	•250
1902—1903	18500000	16•002	16•156	15•875	•281
1903—1904	23900000	16•049	16•156	15•875	•281
1904—1905	24400000	16•045	16•156	15•970	•186
1905—1906	31600000	16•042	16•156	15•937	•219
1906—1907	33400000	16•084	16•1875	15•937	•250
1907—1908	15300000	16•029	16•1875	15•875	•312
1908—1909	13900000	15•964	16	15•875	•125
1909—1910	27400000	16•041	16•156	15•875	•281
1910—1911	26500000	16•061	16•156	15•875	•281
1911—1912	27100000	16•082	16•156	15•937	•219
1912—1913	25700000	16•058	16•156	15•970	•186

第六章　印度事务大臣的储备金与现金余额

88

印度当局肩负双重责任。一方面，他们必须准备好根据政府票据供应卢比，或准备好卢比用以交换沙弗林。另一方面，他们还必须准备好拿出英镑或英镑支票，用以交换卢比。印度货币体制的维系，取决于他们履行这一双重责任达到需要他们所达到的程度。

要达到的目的很简单，但政府采用的手段很大程度上出于历史的原因，却极其复杂。我将讨论：第一，现有手段的性质；第二，能否用之达成所需达成的目的；第三，一些可以使这些手段更理性且更明白易懂的建议；以及第四，现金余额的管理。

用铸造卢比的利润[①]建立的储备显然是为了支持汇率之用。这是金本位制条件下众所周知的事情。由于这一储备实际上不仅仅包含有英镑储备，而且还包含有部分卢比储备，所以储备这一名称有点用词不当。[②]

停止自由铸币之后的几年间，一直没有出现新的铸币需求。1900 年，增加卢比铸币的必要性日渐显现，从 1900 年一直到 1907 年，铸币利润的增加使金本位储备迅速增加为一个相当可观的数

---

① 见本书第 26 页脚注。

② 1906 年，因为政府决定储备中要包括白银，所以储备的名称变化了两次，先是“黄金储备”，后改为“金本位储备”，但名称的变化实际上并没有使储备头寸更为清楚。

目。1907—1908 年的危机使大量卢比退出了流通领域，因此直到 89
1912 年秋天，都没有出现大规模的新的铸币需求。截至 1912 年 10 月，铸币累积的利润上升到总计约为 1860 万英镑。然而，其中大约有 110 万英镑在 1907 年被转用于铁路，作为铁路投资支出——只为金本位储备留下了大约 1750 万英镑。除此之外，用于投资的那部分储备所得的利息收益，总计大约为 325 万英镑，这部分利润抵消了 1912 年 10 月投资价值贬值的 100 万英镑（与最初的成本相比较）。因此到这一时期，考虑到贬值，这一储备的数量大约为 1975 万英镑。1912 年冬季到 1913 年，大量的铸币需求使铸币利润进一步增加，所以，认为金本位储备在 1912 年底大约为 2100 万英镑，我们认为还是比较合适。

在这笔总数中，有较大一部分是英镑证券，这部分大约有 1600 万英镑（市场价格）。近来的政策走向也遵循这样的观点，即储备中至少要有一半采用证券这种最具流动性形式的资产。1912 年 3 月 31 日，储备中有 450 万英镑的不列颠财政部发行的国库券，4735600 英镑财政部发行的政府公债。其余的部分中，有大约 700 万英镑（面值）的基金，以及由不列颠政府担保的其他股票，另外还有大约 150 万英镑（面值）的各种形式的殖民地政府证券。

到 1912 年底，除了将 1600 万英镑用于投资之外，大约还有 100 万英镑在伦敦货币市场上用短期信贷形式借出。印度卢比大约有 375 万英镑，英格兰银行“专用”黄金大约为 25 万英镑。英格兰储备中的实际黄金，是 1912 年 11 月引入的创新结果。

据称，政府允许经由铸币利润和利息收益的逐渐累积形成金

90 本位储备金，直至达到 2500 万英镑为止，其中 500 万英镑应是黄金。[1] 可能在达到这个数字之后，储备收入的一部分就可以用于铁路的投资支出了。当时也确实从储备中转走了一半铸币利润，但这也有可能是 1907—1908 年那个已废弃政策的回潮。

金本位储备的存在形式引发了很多批评，但除非我们对储备有了完整的认识，否则考虑这些批评意见毫无意义。

第二种储备是为发行纸币准备的货币储备。这部分储备的组成已在第三章做过解释。用于投资的部分可能不会超过规定的最大数值，其中也有一个部分是英镑证券，其余的一定是卢比证券。全部储备结存一定包含黄金或银块、卢比或沙弗林。但是，黄金可能放在伦敦，也可能放在印度。1912 年 12 月末，储备货币的实际形式大致如下所示：

英镑证券	2500000	英镑
卢比证券	6500000	英镑
伦敦的黄金	7250000	英镑
印度的黄金	17500000	英镑
印度的卢比	8500000	英镑
印度的或在途的白银	1500000	英镑
	43750000	英镑

现金余额是政府供应卢比或英镑现金的其他储备，两者的总数以及卢比和英镑各自所占比例，因时间的不同而有变化幅度很大的差异。两者的总数在一年的不同季节中因税收量的不同而发

① 1913 年 3 月底，伦敦金本位储备金中有 162 万英镑黄金的贷方余额。

生波动，用那些负责财政事务的人的话来说，新近，由于压缩了资本放贷、再加上即将发生的特别支出、巨额收入（如意外的鸦片收入）、国家的普遍繁荣以及一定程度的审慎或乐观，都是储备发生 91
波动的客观理由。卢比和英镑各自在储备中的占比，甚至更多地取决于对暂时便利性的考虑。比如近来或即将开始的伦敦的资金交易、用英镑资金购买白银的可能性、作为汇兑手段之政府票据的贸易需求，都是基于便利性考虑而使储备比例发生变化的原因。不同时期现金余额的总额见下表。

现金余额[1]

	印度	伦敦	总额
	英镑	英镑	英镑
1901 年 3 月 31 日	8767687	4091926	12859613
1903　”	12081388	5767786	17849174
1905　”	10597770	10262581	20860351
1907　”	10026932	5606812	15633744
1908　”	12851413	4607266	17458679
1909　”	10235483	7983898	18219381
1910　”	12295428	12799094	25094522
1911　”	13566922	16696990	30263912
1912　”	12279689	18390013	30669702
1913　”	19543900	8372900	27916800

1. 不包括金本位储备中的结存。

附带补充一句，印度的现金余额，部分存放在遍布全国的地区金库中，部分存放于储备金库，还有一部分则存放在管区银行。地区金库中通常并不包含有超过日常交易所需的资金资源，超过当前需求的结余，尤其是主要以纸币形式存放的结余，会被转送到储备金库。这样，在货币储备之外，政府手上并没有大笔的卢比盈余储存。伦敦的结存部分存放于英格兰银行，部分则由特许名单上的某家金融机构做了短期放贷。[1] 平常，英格兰银行手上，只持有一笔（不超过 50 万英镑）营运余额，多年来，这笔资金一直被计入
92 （虽然不是正式的）“其他”存款项下，而不是计入“公共”存款项下。从上表我们可以看出，伦敦的现金结余在 1908 年下降到一个较低的水平，在该年的关键几个月中，印度事务大臣大手大脚地利用这笔结余帮助他支持汇率。1908 年 10 月 30 日，现金结余已经下降到 1196691 英镑。另一方面，1911 年和 1912 年，现金结余成了一个巨额数字，这两年的 6 月，这个数字都超过了 1900 万英镑。到 1912 年年底，现金结余再次下降到一个很正常的水平。1912 年上半年不正常的巨额数字引发了人们的很多批评，批评针对两点，一是结存的数额，二是将结存拿到伦敦货币市场放贷的方法。在本章的结论部分，我们还要就这个问题多说几句。

现在，我们要切实研究一下印度当局手中英镑和卢比各自的来源，这是印度政府履行自己货币职责时候的依据。除了地区金库需求的部分和存放于管区银行的部分之外，印度的现金结余主要是纸币，从当前的研究目的来看，可以忽略这一部分。

卢比储备部分放在货币储备中，部分放在金本位储备账户中。1912 年 12 月，卢比储备的总量大致如下：

---

① 见本书第 134 页以下。

货币储备①	1000 万镑
金本位储备	375 万镑
	1375 万镑

英镑储备部分放于货币储备账户，部分放于金本位储备中，部分存在伦敦的现金余额账上。存放形式有黄金（在印度和伦敦的货币储备中以及小部分存放在金本位储备中），短期通知借款（放于金本位储备和现金余额中）以及英镑证券（在货币储备和金本位 93
储备中）。1912 年 12 月，这部分储备的总量大致如下：

	英镑
黄金——	
印度的货币储备	17500000
伦敦的货币储备	7250000
伦敦的金本位储备	250000
	25000000
短期通知借款——	
伦敦的金本位储备	1000000
伦敦的现金余额	7500000
	8500000
英镑证券——	
货币储备	2500000
金本位储备	16000000
	18500000
英镑财源总计——	
黄金	25000000
短期通知借款	8500000

① 包括存放于印度或在途中的白银。

续表

证券	18500000
	52000000

在我们考察这些储备是否适用于储备的目的之前，回忆一下近期两起事件的事态非常有用，两起事件都使储备资源严重削减。一起是 1906 年政府面临供应充足卢比的强大压力，一起是 1908 年，政府面临供应充足英镑的强大压力。我们将在接下来的叙述中讨论这两起事件。

1900 年，政府再次重新开始大规模铸造卢比。在接下来的五年中，每年都有对新铸币的稳定需求(1901－1902 年较低，1903—1904 年较高，但没有不正常的年份)，尽管在 1903－1904 年出现了一些小小的困难，但铸币厂总是能够满足这种需求。1905－1906 年，货币需求突然增大。从 1905 年 7 月开始，政府的白银储
94 备还有 1.837 亿卢比[①](1225 万英镑)，基本处于一种较为宽松的状况，但把这批生白银储备用于铸币之后，增量供应仍然供不应求。政府在增加购入白银方面的速度很慢，事实上，政府似乎也没有采取什么增加购入白银的措施。到了 1905 年 12 月，政府的白银储备几乎耗费一空。他们这才不得不匆忙用极高的价格在伦敦购入白银。与此同时，卢比储备也下降到极低水平，只有 7610 万卢比(即只有六个月前的约 40%左右)，而对伦敦的政府票据的需求(必须在印度兑现成卢比)，也没有显示减弱的信号。为了给自己一个喘息的机会，并为在伦敦购入的白银运到印度且铸成铸币

① 将未铸成银币的生白银也考虑在铸币范围之内。

留出时间，政府不得不把电汇汇率价格提到一个非常高的水平，即1先令4又5/32便士。这是当时发生的最糟糕的事情了。那以后，新的铸币很快出现并平息了需求，到1906年3月，与1月份的数字相比，可用的白银储备已经翻了一倍。

然而，这点恐慌却足以让政府丧失理智。一旦开始了疯狂铸币的谋生之道，他们就义无反顾、无所顾忌地继续往前走，尽管他们并没有马上产生罪恶感。他们没有停下来看看1906—1907年旺季大量投放货币会带来什么结果，而是在整个夏季依然大量地铸造新币，他们手上掌握的白银多于货币储备中正常持有的白银，这批白银以危害英镑财源为代价，存放于金本位储备账户。1906年7月，白银储备达到了3.200亿卢比的水平。事实上，1906—1907年的情况还是比较不错，对卢比的需求规模极大。不过，印度可用的白银基本没有减少到2亿卢比以下的水平，几乎是上年最重要时刻的最低量的3倍。然而，比1906—1907年旺季的最忙时分之适量白银储备更多的储备量，并未能制止住铸币厂的疯狂 95
冒进活动。1907年的夏季与1906年的夏季一样，在假设1907—1908年仍是旺季的情况下，他们继续大量铸币。1907年9月，以各种形式囤积的白银储备已经达到了巨额的3.148亿卢比。这一次，他们得到了应得的结果。1907—1908年是一个歉收的年份，1907年底美国又出现了经济危机。经济领域中不再有对新卢比的需求，而是代之以必须从流通领域中抽走大量旧有的卢比，这回是英镑储备而不是卢比储备，处于数量不足的危险之中。这一点将我们引向下一章的历史。

印度政府1905年到1907年的铸币政策，显然启发人们做出反省。在年复一年的过程中，如果有一年出现了对货币的大量需求，并不表明下一年这种需求仍将持续。大量铸币的效应是累积性的。印度货币当局似乎并不了解这一点。从表面上看，他们受到一些粗浅之说法的诱导，也就是说，因为 1905—1906 年出现了对货币的大量需求，所以有理由相信，1906—1907 年也同样会出现对货币的大量需求；由于 1906—1907 年确实出现了对货币的大量需求，这就使得人们更有理由相信，1907—1908 年也会有对货币的大量需求。也就是说，他们制定自己政策的时候，把一个社会消费货币的趋向，视同有些社会消费啤酒那样，具有同样稳定的趋向。只要新货币是为了满足需求，不是为了满足囤积，而是为了做交易，就没有必要指出其中的谬误。此外，就算是对印度货币史有一点点了解的人，也能参照经验给出支持的理由。就在卢比的价值仅等于未铸币的银块价值，以致被囤积并被熔化的数量比现在多很多的情况下，年年非正常的大量铸币之后，随之而来的几乎总是反作用。印度已经吞进了这么多铸币，我们没什么困难就可以明白，1905—1907 年的货币需求就属于这样的事情。

96 因此，1907 年初印度政府的白银政策，使他们在面对当年年底到来的危机时，在某种程度上陷入了比危机本应有的更糟的困境。不过，他们的英镑储备数量仍然非常大。1907 年 9 月 1 日的储备水平大致如下：

黄金——		镑
印度的货币储备	4100000	镑
伦敦的货币储备	6200000	镑

	10300000 镑
短期通知借款——	
伦敦金本位储备	50000 镑
伦敦现金余额	5150000 镑
	5200000 镑
英镑证券——	
货币储备	1300000[1]镑
金本位储备	14100000 镑
	15400000 镑
英镑储备总计——	
黄金	10300000 镑
短期通知借款	5200000 镑
证券	15400000 镑
	30900000 镑

我们凑个整数，这样，在危机到来之时，印度事务大臣手上掌握的储备大约为 3100 万英镑。在他身上很快引发了一场风潮。在 1907 年 10 月底之前，情况已经很清楚，印度当年是一个歉收年，美国的金融危机正在迅速发展。11 月 4 日，英格兰银行将利率提高到 6%，11 月 7 日，又提高到 7%（1873 年来第一次）。11 月 6 日，印度事务大臣在允许汇率下跌到 1 先令 3 又 29/32 便士的最低数字的条件下，只设法卖出了 300 万卢比。在接下来的几个星期内，在一年之中通常对政府票据之需求较高的时间内，他没 97
卖出一张票据。但除了从市场上抽走货币之外，他并没有采取进一步行动支持汇率。他的这一措施不足以达到其目的，并因此出

① 账面价值。

现了很多观点。有观点认为，他应该马上采取更严厉的措施维持卢比的黄金价值，而他几个月后才不得不采取了行动。然而，对每个人来说，这都是一个让人困惑且前所未有的时刻，所以，我们一点都不奇怪他的顾问们在几个星期之后才认识到了自己的处境。

由于他的行动如此不得力，以致汇率甫一下跌就再不能止住。汇率一天天跌跌不休，11 月 25 日汇率下跌到 1 先令 3 又 11/16 便士。这个水平已经低于黄金输出点(从印度)，如果政府放手印度黄金的自由流动，汇率不会下跌到如此低的水平。但是，如我们从上一张表格中所见，印度的黄金储备不够大。因此不允许个人一次性取走 1 万英镑以上的黄金；这样，黄金只能缓慢地零星流动，流出时间长达数月之久。如果在急需的时候，能够允许黄金在一周之内消失，这个方法可能还更有用。

同时，印度事务大臣在丧失了出售政府票据的收入之后，转而使用伦敦货币储备的黄金来满足其正常开支。虽然为了方便(以更具流动性的方式)使用起见，售出了约 100 万英镑的英国政府债券，但金本位储备迄今为止仍然原封未动。

这样，截至 1907 年 12 月底，事态还在继续往前发展，虽然其迫在眉睫的紧迫性由于汇率的略略走强而暂时消失，但当局鼓足勇气采取了维持卢比黄金价值的必要步骤。政府宣布，他们将在印度按固定价格出售伦敦电汇。在受这一通告的影响而提升的需求出现之前，政府又改变做法，转而按 1 先令 3 又 29/30 便士的最低固定价格出售伦敦英镑汇票。

98 到 1908 年 3 月，实际黄金储备几乎耗尽，但证券和短期通知现金还未被触及。4 月初，汇率再度走弱，前面所提出的方法就进入了实际实施阶段。最初是每周 50 万英镑，后来每周 100 万英镑的伦敦英镑汇票按 1 先令 29/32 便士的价格在印度抛售。然后又在伦敦用出售金本位储备证券的收入将这些汇票兑为现金。到 1908 年 8 月，大约有 800 万汇票用这种方式兑换成现金。1908 年 9 月初，英镑储备头寸大致如下，我们可以用之与上面所征引的 1907 年 9 月的头寸作比较：

黄金——	镑
印度的货币储备	150000 镑
伦敦的货币储备	185000 镑
	2000000 镑
短期通知借款——	
伦敦的金本位储备	无
伦敦的现金余额	1850000 镑
	1850000 镑
英镑证券——	
货币储备	130000 镑
黄金储备	6000000 镑
	7300000 镑
英镑储备总计——	
黄金	2000000 镑
短期通知借款	1850000 镑
证券	7300000 镑
	11150000 镑

这样，印度事务大臣的英镑财源在一年中，从大约 3100 万英镑下降到 1100 万英镑。但这些数字并不足以充分解释这段时间他在伦敦支撑自己财政的方式。在1907年9月到1908年9月

99 间，铁路贷款总量为 1250 万英镑，“一般用途”[1]贷款为 200 万英镑。[2] 大部分铁路贷款用于清偿之前的铁路债务，用于在英国购买记入资本账户的铁路物资。到目前为止，贷款基本上都用于这些用途，因此无助于总体情况的改善。但是，用于铁路建设的贷款可以在印度用卢比支付，这就具有了相应增加印度事务大臣英镑财源的效应。尽管在这一时期受舆论的约束，因贷款而获得的净援助总额，我认为已达 450 万英镑。所以，在萧条的第一年，印度事务大臣之头寸的减少，不会超出 2500 万英镑。

1908 年 10 月后，市场仍然显出某种彷徨。如果这一季度仍然不景气，印度事务大臣显然必须大规模借钱。但事实上，这一年是个让人满意的丰收年，到了 1908 年 12 月，对政府票据的需求非常旺盛。这里还要说几句让这个故事更为完整。1909 年 8 月和 9 月，在加尔各答再次必须拿出英镑汇票以供出售的时候，市场出现了短期的疲软。因为在这段时期，印度已经享有了一段时期的高度繁荣，所以，我们研究的这笔头寸才有可能出现上文所分析的超强状态。

我是根据这样的观点来看待这次危机，即危机具有耗尽印度事务大臣的英镑财源的效应。对于印度当局而言，危机呈现的是
100 另一面。印度政府那里存在的一个问题是，他们能从流通领域中抽取多少卢比。除了贷款之外，除非税收收入不足，否则印度事务大臣可以动用的英镑财源，一定恰恰等同于印度政府可以从流通

① 1908 年 12 月又发生了一笔“一般用途”的贷款，金额为 250 万英镑。

② 这个时期，因为印度票据的发行而引出了一笔 600 万英镑的短期债务，后来用鸦片贸易发的横财抵消了这笔债务。

领域中抽取的卢比数量。每笔从储备的任一英镑项下的划拨必须与划入卢比项下的数量相等。英镑储备的总额是衡量货币当局抽取卢比的能力的标准，反过来说，在危急时刻可以从流通（或从囤积）中抽取的卢比数量，则为支持通货而被迫动用英镑储备的数量，设定了一道上限。

根据这样的观点，我们可以给出事实如下：截至 1908 年 3 月，基本上有 1.15 亿卢比通过黄金的释放而自流通领域进入货币储备，到 1908 年 12 月，这个数字上升到 1.54 亿卢比。在 1908 年 3 月，还不存在将卢比转入金本位储备的必要，但到了 1908 年 11 月底，大约有 1.30 亿卢比经由这一途径转入了金本位储备账户。印度的现金结余账户而不是现钞账户中，存放卢比的那一部分也有少量增加。这样，实际流通量总计大约减少了 2.85 亿卢比（1900 万英镑）。这一数字与我们研究英镑财源时所述的数字，大致相符。

这样我们完整地叙述了截至 1908 年危机结束时的这段历史。我已经给出了与我的主要论题相关的细节。我的论题是，这笔储备是否足以实现他们的目的。

首先，我们来考察一下铸币卢比储备的充足性。左右这种情况的事实是，卢比储备的每次增加，都会等量减少英镑储备，因此，如果卢比储备不充足，再坏也不过是在繁荣时期耽搁了商人的交易并引发商业不便；然而，如果英镑储备不充足，一场可怕的危机可能会恶化到恐慌的程度。而且，在最后一刻，卢比储备总会不受太大耽搁地从英镑储备中得到补充，而英镑储备的情况不是这样（在危机时刻，随着黄金价格的上涨，白银没有那么好销）；因此，理
想的情况是，将卢比储备保持在一个尽可能最低的水平，较有把握 101

而又明智。制定适宜的政策所主要依赖的实际情况，在于政府可以在多大程度上，在他们需要的时候毫不费力地提供新卢比，也就是说，政府能够在多大程度上安稳地实施这种勉强度日的政策。这取决于政府能在不付出高额费用的情况下，用多快的速度购买白银，以及——与迄今为止所经历的新需求的最快速度有关——印度铸币厂用多快的速度将白银铸成卢比。

印度政府最近试图解决这一不幸牵涉到政府官员大量丑闻的第一个问题。白银市场是一个非常狭小的市场，只能通过一家代理商或几名经纪人从事交易。只要政府作为买家现身白银市场，总是有一帮投机者等在那里推动白银价格上涨。除了这些为投机帮忙做事的经纪人之外，还有一家唯一能够暗中购买大量白银的公司，这家公司之所以这样做，是为了防止投机者们失手。不幸的是，这家公司的头头与印度事务副大臣有很亲密的血缘关系。这样有两种做法可供选择：一是公开购买并如投机者所愿向他们多付一点钱，一是冒险以权谋私，即向那些可能因看低政府而有利可图的人收贿，比如失望的投机者，对货币体制心怀不满的人，或反对党成员。官员们过多(官僚地)考虑了印度财政部和印度纳税人的想法，而不是下院的想法，他们事实上选择了第二种做法，也许，这是一种因长期免于个人腐败指控而产生的过于天真的心态。结果是，他们对下院关注个人丑闻迹象的浓厚兴趣估计不足。印度的货币问题成了一个令人感兴趣的问题。人们相互询问金本位储
102 备是什么，在报社记者告知大家之后，他们才充满恐惧地意识到，金本位储备中没有黄金。随着调查的进一步深入，迄今始料未及的很多事实也逐一显现。人们发现，伦敦货币市场一些最重要的

人物,都是犹太人,印度政府持有的英国政府债券,自购买之日起就跌到了市场价值以下。但公众的注意力却特别关注这样的事实,即伦敦的现金余额在一段时间的大幅波动之后,已在一年之后上升到了一个异乎寻常的高位,而且用极低的利率借给了具有外国名字的人。那些普通议员如何才能确信,某些国际化的犹太人辛迪加没有以损害印度农民的利益来喂肥自己?这些辛迪加还宣称他们是这些农民的资产托管人。印度的通货过于复杂,所以不能在看过几眼之后就把握住问题,很多对这种放手腐败贪污未予关注的人感到,从法律上讲,这里存在大量的且日渐增多的他们不明白的内容,他们也想让自己弄明白这些概念,而不仅仅是依据于官员们的说法,认为所有事情真的井井有条。这种情况以前基本上已经出现,而且,只要下院与印度的关系既有高度的责任,又混合着愚昧,这种情况未来还会一再出现。

这种情况本身只有极短暂的重要意义,但对我们现在正在讨论的具体问题,却具有某种长期效应。我们很难指望官员们再次听任自己的个人品行遭人置疑,就算为了印度财政部的利益,做这种期望也缺乏根据。印度政府下一次必须大规模购买白银的时候,他们可能会公开购买,并按政策要求支付这笔额外的费用。只是为了节省五十万英镑,就让政府的交易陷入任人猜疑的境地,实在不值得政府这么做。因此,假设政府未来仍将公开购买白银,那 103
么我们必须考虑,是在白银价格较低且手中还有大量囤积的时候,让他们买便宜货呢?还是等到最后时刻再按照届时无论多高的价格购买呢?我倾向于认为,两种政策中,第二种政策较好,尽管坦白地说,当下我们不可能清楚应该怎么做。判断某一既定时间是否是购买白银的最佳时间，并不是政府官员的职责所在。估算白银未来价格的投机业务，最好交给这方面的专家来做，虽然最后支付的价格必须包括一笔因他们的服务或预测而支付给他们的佣金。其次，从一个局外人所知的情况来看，近来白银投机团伙的发展过程并不能表明，投机交易非常轻松或有利可图，或者说，这些投机者都取得了巨大成功，因此鼓励人们在未来大规模从事投机交易。我不清楚投机团伙在这类交易中获得了什么利润，但长期持有白银的费用十分巨大，尽管过去两年中白银价格大幅上涨，但并不足以（人们可以自己判断）提供一笔与巨大风险相称的利润盈余。再次，我们并不确定现在印度政府不时面临的对新卢比铸币的迫切需求，会像刚刚过去的一段时间表现出的那样，在未来依然频频出现。一方面，自从 1900 年以来，大规模的铸造新货币的行为正在不断积累效应，并使得未来铸造货币的可能性日渐降低；另一方面，其他交换媒介的增多（希望这样）也会使对通货的迫切需求有了其他的满足途径。

因此，我认为，政府不需要通过避免购买他们本该购买的白银，来显示其具有长远的预见能力。但是，只要他们的白银囤积下降到较低水平，在不久的将来就会出现明显的需求信号，那么，铸造硬币的时间能安全地后延多久呢？为了回答这个问题，我们需
104 要知道铸币产出的最高价格以及迄今为止人们经历过的对新货币的最大吸收额。

各不同年份的卢比吸收数额已在第 39 页的表格中给出。1905—1906 年，10 月到 12 月这一季度吸收的卢比最多，一共是 113.9 万卢比，1909—1910 年，1 月到 3 月这一季度也吸收了很

多，一共是 26.8 万卢比。据估计，印度铸币厂在不加班的情况下，每月可以制造 22.5 万卢比，在加班的情况下，可以制造出 45 万卢比。因此似乎没有理由过分担心政府会陷入卢比短缺的境地。如果政府在旺季开始时手上有 5000 万或 6000 万的卢比（超过了一般认为的安全底线），那么，合理的审慎需求也会得到充分满足。这里所说的安全底线必须取决于客观条件，尤其是取决于发行的票据数量和印度政府手中持有的黄金总量；我们不太可能提出任意一个数字，然后说这个数字永远适用。我现在只是讨论超过这一底线的盈余，根据经验，这一部分才是政府应该在旺季到来之初，花些力气囤积起来的东西。这一计算数字涉及货币储备和金本位储备两个账户中的总卢比数。

现在，我们继续讨论更为重要的英镑储备的充足性问题。

我认为人们并没有考虑清楚持有这部分储备的确切目的。其中的难处我们可以归结为一个问题：英镑储备纯粹是作为货币储备，或者也要起到银行储备的作用？也就是说，他们唯一的目的就是要确证，政府是否会永远能够像他们保证的那样，用英镑来交换卢比和纸币？或者，他们也想弄清楚印度政府能否在危机时刻履行自己的国际义务？很显然，这两个目的并不完全相同。如果在所有的银行家和商人都充分持有卢比和纸币的情况下，如果政府 105
总是能够将这些卢比和纸币换成英镑，那么，储备就具有充足性。但是，如果在金融危机中，印度的货币市场在没有政府资助的情况下，事实上不能履行自己的国际义务，那么，政府就打算安然地旁观危机，听任（比如）三家管区银行中止现金支付，或者，在必要的时候，用自己的英镑储备支撑绝境中的印度货币市场吗？

如果政府持有的储备纯粹用来支持通货，那么，可以在储备中为政府从流通领域抽走的和政府为兑换而提供的卢比和票据的最大量，设定一个上限。另一方面，如果打算将储备作为银行储备来用，并打算以之确保印度政府全天候履行国际义务的能力，那么，这个上限还要留出印度为应付逆差而需要即期支付的最大数额。

我将开始讨论有关第一个假说的问题，即政府一直累积的储备是否仅仅作为货币储备之用；然后我将回头讨论为了更多的用途而持有储备的问题，以及印度国际收支账户中负债的可能数额。

为了估算只是支持通货所需的这笔储备的数额，现有的通货数量是我们首先需要弄清楚的问题。因为这个数量设定了或者提出了可以从实际流通领域中抽走的最大数额的极限。

我们有理由用一些很有意思的计算方法来尝试估算印度卢比的流通量。多年来（自 1875 年以来），每届政府的财政部门都会做
106 一个含有 2000 个卢比的数据包，对卢比数量进行年度统计。这就使得 F. C. 哈里森先生在出任货币审计官时，可以充分应用杰文斯的方法，并参考过去（比如 1835 年和 1840 年）的发行量以及铸币厂回收铸币时从流通领域实际抽走的数量，来印证自己的估算。哈里森先生的估算结果由继任货币审计官阿迪先生做了检查，阿迪先生使用了比哈里森先生技术上更复杂的两种方法，对相同的资料进行了检验。[1]

杰文斯的方法基于一种假设，即在给定样本包中看见的不同

---

① 运用于这些不同研究中的方法的详情，可以参见纸币委员会首席专员的报告的附录（1894 年，1895 年，1896 年，1897 年以及 1900 年）。还可以参见哈里森先生发表在 1891 年《经济学杂志》上的文章《卢比普查》。

时期发行的硬币比例,大致与流通中硬币的数量相同。最新进入流通的数量与铸币厂的发行数量差额不大。总之,如果我们知道了 1860 年和 1912 年流通领域中硬币的相关比例,而且,如果我们也大致清楚 1912 年硬币的绝对数量,我们就能计算出仍在流通的 1860 年硬币的绝对数量。将这种方法应用于印度数据时,我们假定,在政府财政部门大量堆放的调查包中发现的每个时期的卢比比例,确实是全国仍在流通的各时期卢比的比例。然而,在一个类似印度这样的国家,流通领域中可能会有很大的停滞力,那些进入政府财政部门的硬币,或许只是一些不固定的铸币盈余的样本,而且与总量相比,具有相对更快的流通速度,其中包括相对少见的手手相传的半囤积铸币。由于这些样本中似乎包含有新近发行铸币的不相称比例,所以,基于这些样本来估算总流通量,可能达不到预期的真实程度。我们还有理由假设,在某些情况下,负责研究这些样本的官员并不总是小心谨慎地处理这些样本。人们还注意到
一个趋势,一年的统计结果比应该有的结果更接近于前些年的统 107
计结果,将一批铸币划归众所周知没有铸币的那一年的情况,也并不罕见。不过,哈里森先生和阿迪先生的计算以及他们所依据的数据,总体上一致,因此给人基本准确的印象。

F. J. 阿特金森[1]采用的是一种完全不同的方法来估算流通量。他的方法很直接,就是从 1831 年现代铸币开始,对通货的增加和因出口及熔铸等原因而造成的漏损,逐年进行计算或估算。计算中的有些项目是明确已知的,但另外一些项目,比如说每年熔

① 1897 年 3 月和 1903 年 3 月的《统计学杂志》。

铸的数量，则几乎全凭猜测。他的计算中包含有大量猜测这一事实，使他的最后结果也成为了猜测。原因在于，在停止自由铸币之前的一段时期，他对一些熔铸数量的估算严重偏低，这一点或许可以解释为什么他计算的最终流通量，要比哈里森先生和阿迪先生的计算结果多出很多。近来，也就是自停止自由铸币，尤其是自1900年新的均衡达成以来，阿特金森的方法算出的结果比之前年份的结果让人更为满意，因为这后几年的计算中，那些有疑问的项目在整体中所占的比例非常低，不太会让我们出错。因此，对于早些年的计算，我倾向于接受哈里森先生的结果；但我认为，我们可以采用类似于阿特金森的逐年计算法，一直计算到近期为止。在阿特金森先生的估算中，19世纪90年代的数字有所增长主要出于这样的事实，因为他声称他的数字中没有包括囤积的卢比，所以他必须为这部分囤积卢比进入铸币厂然后进入流通打出富余。

108　实际数字见第108页的表格。

卢比的估算(单位:千万卢比)

	哈里森	阿迪的第一种方法	阿迪的第二种方法	阿特金森[1]
1881		108	—	135
1882		111	108	133
1883	大约	113	110	136
1884	115	106	107	136
1885		104	105	139
1886		106	110	145
1887	—	109	108	148
1888	120	106	106	152
1889	—	112	112	154

续表

1890	—	121	115	159
1891	—	121	116	166
1892	125	129	121	167
1893	128	132	130	173
1894	—	129	126	176
1895	—	128	127	169
1896	—	121	120	172
1897	—	116	116	178
1898	120	118	113	183
1899	—	118	112	178
1900	—	—	—	177
1901	—	—	—	189

1　源自阿特金森先生于 1897 年和 1903 年分别进行的计算，我这里采纳的后者。他的计算显然没有包括囤积的卢比、货币储备和政府结存在内，因此与其他计算完全没有可比性。如果是这样的话，超过的数量可能会比上表实际显示的数字大很多。

就是这些数据。我们很难估算在停止自由铸币之后的时间里，囤积卢比中有多少被拿了出来。阿特金森先生的数字说明，从囤积中拿出的卢比不仅用于赔付实际流通领域中的自然损耗，而且事实上也使流通领域的数量大量增加。根据这段时间的价格来判断，我认为他在这个方面打出的富余太多。另一方面（与流通总量相关），哈里森先生和阿迪先生的数字表明，来自于囤积而成为通货进入流通领域的卢比，是一个非常适中的量。我在这里打算采用一种折中的方法，但更近似于哈里森先生的方法而不是阿特金森先生的方法，假定 1900 年的公开流通量（即不包括货币储备和政府结存的卢比）是 12 亿卢比。从我们的研究目的看，这一估算数可能很接近真实数字。如果这个估算数不准确，我觉得最大

109 可能是低估而不是高估。

卢比(单位:10 万)

财政年度4月1日—3月31日	4月1日的卢比公开流通量	新铸币减去重铸币[1]等[2]	从货币储备,金本位储备和财政储备中付出的卢比	净[3]出口	3月31日的卢比公开流通量	3月31日纸币的公开流通量	3月31日公众手上的通货总量[4]
1900—1901	12000	+1360	−466	−35	=12859	+2379	=15238
1901—1902	12859	+204	−272	−142	=12649	+2424	=15073
1902—1903	12649	+60	−58	−223	=12428	+2887	=15315
1903—1904	12428	+1142	−45	+40	=13565	+3154	=16719
1904—1905	13565	+688	+55	−61	=14247	+3373	=17620
1905—1906	14247	+1611	−211	−78	=15569	+3790	=19359
1906—1907	15569	+2288	−488	−128	=17241	+4120	=21361
1907—1908	17241	+1548	−1156	−41	=17592	+3865	=21457
1908—1909	17592	+2	−1490	−29	=16075	+3923	=19998
1909—1910	16075	+8	+1314	−139	=17242	+4651	=21893
1910—1911	17242	−42	+376	−172	=17404	+4568	=21972
1911—1912	17404	−7	+1161	−113	=18441	+5324	=23765
1912—1913	18441						

1 这一栏的数字来自于货币部门,各个年份发行的净铸币总数,略微不同于铸币厂统计给出的铸币数量。

2 由于前一两年拿出了大笔卢比付给印度土邦,所以这里的数字做了扣减。扣减额与货币部门的报告一致。

3 巴林岛、锡兰、阿拉伯半岛、毛里求斯以及东非海岸。

4 没有计入卢比的自然损耗(见下文)。

我的计算从这一假设开始,我用上表给出的详细数字,计算出当前的大概流通量。我这里说的公开流通量,是指不在政府手中的全部流通量,也就是说,包括了银行手中的流通量,不论它是卢比还是现钞。我主要考察的是卢比的流通量，但在最后倒数第二栏中，又增加了现钞的公开流通量，因为，了解这一数字对了解通货的公开流通总量非常有用。

这种计算并没有考虑因为铸币磨损和各种原因的损坏或者卢比越境时的固定漏损而造成的一般性损耗。最后一项可能数目较大，不适合用来对贸易收入进行解释。陆路交易的统计记录表明，
每年对印度的大笔结余，可能是用未予记录的黄金、白银和卢比出 110
口来偿付。比如以尼泊尔为例，有记录的统计显示，印度进口珠宝而带来的大量净结余，以及西藏、阿富汗和所有陆地边境口岸的官方统计都表明，珠宝出口数额与我们所知的境外卢比流通量不相符合。将所有这些漏损加在一起，我不认为我们将卢比的损耗定在每年 500 万及 1000 万之间就是高估。因此我提议，从 1900 年到 1912 年的十二年间，卢比的扣除额总计应为 410 万。

这就让我们得出这个结果，1912 年 3 月 31 日，卢比的公开流通量为 17.5 亿（11650 万英镑），包括纸币在内的公开流通总额为 22.8 亿[①]（15200 万英镑），也就是说，自 1900 年以来，卢比流通量增长了 46%，总流通量增长了 58%。如果阿特金森先生对 1900 年流通量的估算比哈里森先生的估算更接近于实情，那么，1912 年的卢比公开流通量可能高达 20 亿。在 1912 年全年，大量新铸币出厂，但在本书写作期间，对这批新铸币仍然没有准确的统计数字。从我们当前的目的出发，将卢比和纸币的公开流通量设定为不超过 25 亿，应该是一个很保守的数字了。

---

① 这表明，人均流通量在 7 卢比和 8 卢比之间。

发生危机的时候，这笔通货中会有多少从流通领域中流走呢？1908年，卢比流通量下降了（最低点）几乎有3亿，或者说，占当时估算的卢比流通量的20%弱。现钞流通量（见第39页）的下跌更为严重。我并不想在这个时候吁请政府从总流通货币（纸币和卢比）中兑换走25%以上的货币，或者，按照前面的计算，兑换走（比如说）6亿卢比（4000万英镑）。如果政府纯粹以货币为目的，设法
111 保有这一数量的储备，我认为他们应该做得尽可能审慎一些。我不是说不能吁请政府兑换走比这更多的卢比，但是，为了应付所有可以想象的紧急情况而维持一个充足的储备，有点过于浪费，因为毕竟还有可以毫不犹豫就加以使用的其他手段。除非伦敦货币市场像印度货币市场一样崩盘，否则伦敦货币市场会一直对印度事务大臣敞开大门，任他用印度票据进行借贷。使用这种方法不是什么丢脸的事情，虽然可能会产生一些费用。如果印度事务大臣必须给土耳其或中国支付一笔利率的话，这笔费用怎么都会比维持一笔针对未必会有的危急情况的大笔储备的费用，要少很多。①

对于货币储备的适当规模，我们已经做了很多讨论。将货币储备作为银行储备使用的问题，又引出了两个问题：一是政策问题，一是统计问题。政府应该将自己的储备作为银行储备使用吗？如果可以的话，这个储备的规模应该有多大？我们这里首先考虑

① 1899年，印度政府仔细盘算过贷款的可能性。见1899年8月24日的新闻报道（下院，1913年，第495通，第13页）：“如果印度在实施新货币的初期，受困于饥荒或其他不利条件，在准备好充足储备之前，如果客观环境使得借钱来维持货币本位具有了绝对必要性，我们更愿意防止这种紧急情况……不是靠真正的借款，而是靠获得借款的权力，……我们满意地了解到……阁下已经在下院陈述说，如果证明有必要借款，就可以采用借款方式。”

政策问题。

印度货币市场可能会受三种危机的困扰:一种纯粹是内部危机,在这种危机中,银行很难应付印度储户对银行的挤提;一种纯粹是外部危机,在这种危机中,印度由于欠下伦敦货币市场大笔资金,所以被要求付款,但在国内,不存在严重的银行困境。一种是普遍性危机,在这种危机中,内部危机和外部危机的特点同时存在。

第一种纯粹的内部危机可以依赖政府财力的帮助,但不会对 112
与卢比财源相区别的英镑财源有任何特殊的要求。麻烦可能始自通常形式的繁荣,银行方面的大笔承兑,外国商品的大量进口以及(在将来)大批国内企业创办。如果在初秋时节,季风造成的严重损失开始显现,一些泡沫银行关张并随后迅速蔓延至全印度,就是一种可能的后果。[①] 一般而言,印度的储户可能会因为担忧而在自己家里大量囤积货币。印度的汇兑银行有大量的这种储户,银行手上的现金又很少,[②]那么,这些银行可能需要尽可能快地从伦敦进口资金。然而,印度股份制商业银行现在有了重要的地位,汇兑银行可能不适合担当拯救这一情势的角色。所以,政府会被迫给管区银行垫款。这种情况过去时有发生,最近的一次发生在1898年4月,当时孟买银行的银行利率为13%,请求政府垫款250万卢比。[③]

① 见第七章。

② 见第151页。

③ 政府正要认可这一预付之际,就是对预付的紧急需求结束之时,所以政府实际上不用预先支付。

这样就出现了第一个政策问题：在内部危机出现之时，政府是否应该预先付给银行卢比，以充实银行的储备。但这个问题与政府的英镑账源问题几乎无关；而且，如果人们认为这种做法没错的话，除非政府的储备银行同时陷入困境，否则，政府资助银行方面就不可能存在任何困难。

如果是因为普遍的萧条或歉收而出现了第二种危机，那么，印度就必须应付对伦敦的大笔逆差，就像1907年情况那样，那次危机并没有同时伴随产生我们刚刚所说的内部银行困难，事实上，因为必须通过伦敦提供汇兑，所以这次危机引发了政府英镑财源的
113 外流，但外流的量正好与拿给政府兑现或支付英镑汇票的纸币和卢比的量成比例。

因此，在这种情况下，政府无疑会首先使用自己的储备而不是使用货币储备，银行也会拿出大笔纸币和卢比购买政府的英镑汇票。只有在萧条延长且下一年又是歉收年的情况下，除了相应面值的纸币和卢比之外，似乎还需要政府的英镑垫款。

然而，在未来可能出现第三种普遍危机，即在内部银行危机出现的同时，印度出现巨大的逆差，这也不是不可能的事情。正是在这样的条件下，才会出现最艰难的政策问题。在这种条件下，印度货币市场需要把资金汇往伦敦，但是由于内部银行危机以及储户突然爆发的贮藏热，印度甚至拿不出卢比汇往伦敦。因此，政府在加尔各答出售英镑汇票，或者从货币储备中拿出黄金，都无法应付这种情况。如果对银行的普遍不信任四处散播开来，纸币、黄金和卢比也被人们照老样子大批量贮藏起来，银行就不可能找到充足的现金按自己的需要为购买政府汇票付款。情况或许会是这样，

在管区银行利率(比如)12%的条件下,印度货币市场濒临无力清偿债务的边缘,印度政府手上有(比如)4000 万英镑,但兑现纸币和卢比的需求量却并不太多。政府迫切需要使用英镑垫款来拯救这种形势,而不是简单地靠用英镑来交换纸币和卢比的方法,而是凭借其他一些非货币债券,来挽回局势。

现在,我们已经有了挽回形势的可能性。如果处于上述任一规定的情境下,政府面对卢比或英镑的垫款需求,采取什么措施最 114
为合适呢?

一方面,垫款政策可能会给印度货币市场造成一个严重的缺点,这个缺点或许是与印度的货币体制联系在一起的,即在印度货币体制中,没有中央银行,在正常情况下,地方货币当局并不涉足货币市场。持有本应由银行持有的储备,本不是政府的分内之事。但如果政府做了这件事情,事实上,政府手上持有大笔另有用途的储备,而且,如果人们相信,在绝对必要的情况下,政府要拯救市场的话,银行持有的储备可能倾向于比应该持有以及愿意持有的略微少一点。我们可以再讲一遍美国长期存在且对其不利的情况。与印度一样,美国政府手中还有一笔正常情况下与货币市场无关的庞大的黄金储备,美国也没有中央银行。期待政府在极端情况下将用黄金救市,据说,对银行在危机时刻自己采取自救,只能起到微弱作用。对于印度来说,最终的解决方法就是设立中央银行,该中央银行应该是政府银行,而且也应同时持有银行储备和货币储备。[①]

① 我将在第七章对这一提法再进行讨论。

同时，尽管有这种考虑，我认为，政府也无法抗拒危机时刻要求他们入市救助的压力。实际上，我并不清楚政府是否应该抗拒这一压力。手中持有大笔储备，又不肯用来消灾挡祸，是一件非常荒谬的事情。棘手的局面有其内在原因，只要银行和货币当局现在还维持完全分离的状态，这种棘手的局面就不可避免。因此应该制订相应的政府计划。

115 如果这一观点具有说服力，那么，除非印度政府明确接受这一不可避免的事实，即无论如何他们的英镑储备只能用于支持汇率和他们自己货币的英镑价值，否则延迟几周采取行动都可能会带来灾难，所以必须立即行动，理解这一点非常重要。我将白芝浩先生多年前在英国大力主张并成为英国不成文宪法中地位不可动摇的信念，也即众所周知的信条，奉赠给印度。这个信条是，在恐慌来临之际，英格兰银行的储备必须按适当的高价，毫不犹豫迅速拿出来任公众处理。这里存在的危险是，在金融危机突然到来之前，人们不会就这个事情反复考虑，于是，在做出决策并征求到最佳提议之前，无形中已经延误了一段时间。如果印度出现了普遍的银行危机的迹象，尤其是，如果汇兑银行在英格兰的头寸正在减少，我倾向于认为，明智的策略应该是政府方面马上宣布，他们将按照（比如）10％的利率，拿出（比如）1000 万英镑，任由管区银行（或其他核准的借款人）处理。如果这一行为延迟（情况可能就是这样），对印度银行的挤提以及汇兑银行在伦敦临时借款的困境，就会马上出现，政府可能会发现，虽然自己在处理随之而来的萧条时，处于一种有利的地位，但会造成不大不小的资金损失（他们认为光是宣布就足矣），尽管在延迟一段时间后，他们最终还会被迫发出相同的公告，如果恐慌获得了动力，1000 万英镑很快就会被一口吞尽。

在转向考虑统计学问题之前，我们还要强调一下与上面相关的两个重点。第一，如果发生了大量银行倒闭的金融危机，我并不认为，政府会因为用英镑兑换纸币和卢比的需求而压垮。这与我 116
们所知世界各地类似危机的情况大体一致，即希望大规模囤积货币而不是减少对通货的需求以及出口通货的能力。对这个问题的看法，我认为 1907—1908 年的经历可以证明是一个误解，当时印度的货币头寸自始至终都表现得非常宽松。在 1907 年 11 月多事的那几个星期，英格兰银行利率达到了 7%，而孟加拉银行的利率还没有超过 6%。[1] 不管怎样，就是没有明显出现从印度银行提款的趋势，那些正对银行进行了解的人中，没有出现重新囤积货币的趋势。另一方面，粮食相对歉收也使得财政官员手上有了大量他们无法使用的卢比资金。这样，银行毫无困难就能获得卢比和纸币，唯一的问题是政府如何将这些卢比和纸币转换成英镑。这一时刻，国内货币市场的宽松以及没有任何麻烦的银行业使人产生了这样一个印象，即危机时刻也有大笔卢比资金可供使用，唯一的问题就是政府能否将卢比和纸币换成英镑。自那时以来，印度股份制商业银行在并不稳健情况下的巨大发展让人们拿不准，在下一次程度相同的危机中，是否仍然不会出现银行困境。

---

① 1907 年秋季到 1908 年春季，印度银行利率的波动见第八章的附表。最终，在 1908 年 1 月 16 日，孟加拉银行利率上升至 9%（孟买的银行利率直到 2 月 7 日才上升到这一水平）；但在这年冬天，这算不得异常，1907 年和 1908 年的货币平均利率都低于 1905—1906 年和 1906—1907 年两个相应繁忙年份同一季节的利率水平。

现在居住在英格兰的人，没有人的记忆中还把囤积看成一件正常之事。但在那些传统习俗刚刚废除或仍在苟延残喘的国家，只要出现一丝危险迹象，就可能有惊人的活力去恢复这些传统。在巴尔干战争期间，法国、德国和奥地利（尤其是后两个国家）的民
117 众争相囤积的程度实在惊人，这表明，虽然某些人已经开始忘却银行制度的危险，但这些国家的银行制度仍然容易出现危机。如果欧洲国家都是这种情况，那我们毫不怀疑印度也会发生这种事情。尽管银行制度的进步能带来一时的繁荣，但只要一些银行破产以及少许政治麻烦，旧有的习惯就会卷土重来。

但是，第二，假设出现了严重的金融危机，且伴随有民众不断增加囤积的现象，如果囤积卢比和纸币而不是囤积黄金，事情显然要好很多。这样的事情不是不可能的。对私人机构的信心完全破灭之后，相信政府有能力履行其职责的信念，仍将持续一段时间。比如说在奥地利，囤积的黄金或白银就不如囤积纸币多。我相信在印度的一些地方，尤其是那些黄金相对缺少的地方，有时候，囤积纸币已经达到了相当大的程度。比如说，在东孟加拉的小土地所有者中，我知道一个非常保守的婆罗门家庭就是这种情况。这家的家长每周一次都会独自隐身在屋檐一角，虔诚地拿出贮藏的纸币，一张张数一遍并仔细审视，又用毛刷刷去上面的灰尘，然后再把钞票放到太阳底下通风，除去上面的潮气。如果某张钞票显出一点破旧或残损，就会被拿到最近的货币办公室，换成一张新钞票。在多事之秋，这样的家庭会囤积更多的纸币或白银，而不是黄金。然而，这只是证明了我已经详细阐述并强调的一点：任何增进黄金普及化的方式，都降低了通货的稳定性。

我们再回到正题，我的结论是，政府实际上不可能只局限于对货币负责，它可能还需要减轻鲁莽或不幸的金融后果，而且要在应对债务逆差问题上担负起一定的责任。这个结论又为我们引出了一个统计学问题。就我们考虑的货币兑换问题而言，我之前提出说，储备的安全上限是 4000 万英镑，那么，在我们测试印度可能出现的债务逆差数额时，这个安全上限是否具有充足性呢？ 118

这个问题较之前那个具有精确答案的问题，更不易于解决。印度国际收支账户的变动因素主要是：(a)包括珍宝在内的出口超过进口，即贸易差额；(b)欧洲资本家借给印度的新的固定资本数额；(c)欧洲货币市场给予印度的短期贷款数量。

为了判定债务的可能余额，我们还需要知道这些项目的可能变动程度，而不是印度每年必须支付的绝对数量。我们这里把重点放在第一项：即贸易差额。但在正常情况下，要在记录了资本交易之后，贸易账户的收支才能平衡；如果每年都有一定数额的新资本流入，这一流动的放缓就像出口减少会影响到贸易账户那样，逆向影响贸易差额。1907—1908 年的债务逆差，很大程度上就是因为贸易余额账户的变化——一方面，经济繁荣时期订购的商品，在已经滞销之后的几个星期内，还在源源不断地涌入孟买，因此在一段时期内，造成了印度票据的大量供给；另一方面，季风没有如期而至以及随之而来的歉收预期，中止了大部分正常供应的伦敦商业汇票。但即使在这种情况下，大量出现的逆差也没有使项目(a)和(c)的资本交易发生变化。偶尔因美国的情况而造成的国际货币市场严重的银根短缺，使汇兑银行和其他银行，必须将在伦敦借贷而用于印度（直接或间接）的短期借款降低到正常水平以下，因国际货币市场的金银短缺而产生的数额不足,也引发了新投资资金向印度的流动。

这样,在 1907 年 9 月和 1908 年 9 月不得不填补的 2500 万英
119 镑逆差中,或许有 1800 万英镑是由于贸易差额的变化,700 万英镑是因为新的资本交易的减少,以及不可续期短期贷款。[1] 然而,要从 1907—1908 年的经验中对未来将发生的事情进行论证,并不容易。因为从那时以来,贸易量已经有了极大的扩展,[2]丰年与荒年之间顺差的绝对变动量,似乎也相应有所扩大。另外,在此期间,银行业务也在大规模增长,因此短期信贷市场也为骚乱留下了更大空间。再者,如果印度国内的银行状况像我在第七章阐述的那样疲软,这种银行业的严重衰退可能会使伦敦的汇兑银行陷入困境,但这些银行固有的充实头寸,实际上会使他们不遗余力地帮助印度市场。

这是我的一些相关思考。但任何根据上述说法所获得的贸易逆差可能数额的结论,无非是一种猜测。无论真伪,我也说一下我的猜测。我认为,4000 万英镑是我设定的最大数额,这笔钱要用纸币和卢比按英镑来偿还,并能充分应付任何单独年份所出现的逆差。但我不认为,这笔钱足以满足接连两个歉收年的需要。另一方面,有必要记住,由于歉收导致民众的购买力大幅度下降,所以在第二个歉收年到来之前的一段时间内,还会出现进口额的大

① 有关 1907—1908 年事件的全面讨论,可以参见我发表在《经济学杂志》(1909 年 3 月)上的文章"印度近来的经济问题"。

② 印度生产和制造的出口总额:1906—1907 年为 115625135 英镑;1911—1912 年为 147813000 英镑。

幅减少，而且对纠正逆差大有帮助。还有，如果在第一年出现了很多清偿短期贷款的情况，没有必要在第二年按相同的数额重复这一行为。总之，趋向于均衡的自然力量会在第二年更为强势地显 120
示出来。所以，完全没有必要为每一种可能出现的结果而预先累积储备。连续两年歉收的可能性也不是很大，而且，即使出现了这种现象，印度事务大臣也有充分的时间为借款做出自己的安排。

因此，如果将4000万英镑作为限额，不是之前所说的各种英镑财源的总和，而只是金本位储备和纸币储备的英镑项（即不包括现金账户），我认为已是很大的让步了。

在类似印度这样一个所有适用的资源都要求进行资本扩张的国度，为了未来的利益而采取加重当下负担的政策，并不明智，也非仁政。在储备政策上避免过于浪费，与避免不适当的吝啬小气几乎同样重要。随着卢比和纸币流通量的增加，储备的比例当然也要按相同比例增加。但在现有情况下，在金本位储备的英镑账户和纸币储备中持有大大超过4000万英镑的资金，近似于铺张浪费。如果这一储备在某种程度上低于这个数字，我并不认为出现这种情况是一种该责备的现象，如果这证明了增加储备是一件令人难以承受的事情。至于应急贷款总是可以做到的事。[①] 我的结论是，应该通过自然增长方式，让储备达到诸如此类数字的水平，当然是在这笔钱从储备转为其他用途之前。

几年前，将储备保持在这样一个安全头寸的愿望似乎是异想

---

① 印度政府在这一方面处于非常强势的地位，因为很少有哪个国家像印度那样，在国外金融中心拥有一个运行良好的信贷市场。

天开。但我们在第 96 页给出的细节显示，1912 年 12 月，英镑储备总数已经超过了这一安全水平。但我们并不很清楚，它们当时
121 的这个数额是否正常。如果这个数额正常，那么，它们已经拥有了充足头寸。但是这一储备的持有形式却招致了很多批评，这是我要讨论的下一个论题。

在所有批评中，最普遍流行的一种说法主要直接针对金本位制储备的绝对量，针对大部分储备在证券上的投资，以及伦敦货币储备中的部分黄金。

关于金本位储备的总量，1904 年，寇松爵士倾向于认为，1000 万英镑可能是个恰如其分的数字。1905 年，总督会议（viceroy's Council）的财政委员 E. 劳爵士提出要有 2000 万英镑。1906 年，E. 贝克先生认为，最少有 2000 万英镑。晚近的 1912 年，相关官员宣布说，他们的目标是 2500 万英镑。E. 劳爵士和 E. 贝克爵士的估算都是基于印度事务大臣所需要的国内费用的总量，如果印度事务大臣在很长一段时间内必须削减政府票据取款量的 1/3 或 1/2 的话。我不认为，这是探讨这一问题最有用的观点，或者，在不涉及其他储备数量的前提下，我们也能讨论金本位制储备的合适数量。

上面征引的其他两种批评意见引出了一个一般性问题，即如何持有英镑财源以及这一财源在几个储备之间如何进行分配的问题。第二个问题主要是会计簿记问题，但仍然具有重要意义。印度政府当下的货币体制没有逻辑基础，而且很难让人理解，结果常常引起很多误解。理想的货币体制应该简单且兼有逻辑性，还能使货币当局在必要时腾出一只手对有需要的地方进行变动与调

整。当前这个货币体制部分是历史渊源的结果，部分则是货币当局借助于法律不让自己放手的结果。比如说，黄金储备中贮存的 122
6000 万卢比铸币的做法受到很多批评，这可能是因为条文规定，存放于伦敦的货币储备只能贮存黄金。如果政府将印度金本位储备的白银卢比放了出来，当局就有了相应增加伦敦英镑储备的自由。然而，如果政府是从货币储备发放白银，伦敦的相应转让必须全部使用金币——有时候这是一种极不便利的做法。

如果货币当局想让自己在货币储备的贮藏方式上获得更多的回旋空间，那么，金本位储备中现在贮存的白银向货币储备的转让以及替代白银的相应黄金转让，可以只做簿记处理。不过，这种安排更合乎逻辑，也更容易理解。

因此我认为：采用类似于下列方式的基本储备方案，或许会有很多优势：

(1)以**任何**形式——比如黄金、证券、汇票、债券或卢比——持有金本位储备，都属合法。在年景好的时候持有比如说 1100 万英镑的英镑证券，应该是正常的，除此之外，还可以在伦敦或印度存放黄金，但最好存放在伦敦。

(2)下大力气把大量货币储备用于投资（比如，英镑证券加上卢比证券要达到 750 万英镑，而不是现在的 250 万英镑），并按规定数额最大限度持有（比如 1/3）汇票或短期通知信贷，在伦敦或印度皆可。

在做出法律上的必要变动之后，会计簿记的改动就可以对所有这一切产生影响。1912 年 12 月，会计账簿情况如下（与第 96 页给出的实际情况相比较）：

123

		镑
黄金——		
伦敦的金本位储备	7500000	镑
印度的金本位储备	2500000	镑
印度的货币储备	15000000	镑
	25000000	镑
短期通知货币——		
伦敦的货币储备	1000000	镑
伦敦的现金余额账户	7500000	镑
	8500000	镑
英镑证券——		
货币储备	7500000	镑
金本位储备	11000000	镑
	18500000	镑
卢比——		
货币储备	13750000	镑

在簿记变化中或许要加上某些实质性变化及其由此而自然会出现的变化。这里存在两个问题,第一个问题是,储备中的黄金应该放在印度,还是放在伦敦。读过第四章后,读者会知道,按我的观点,把黄金放在印度没有什么好处,因为这样的政策会引起直接的货币损失,即最初将黄金送到印度的成本以及在后来需要支持汇率时,将黄金再送回伦敦的成本。但印度的观点对将印度黄金储备的绝大部分放到伦敦持怀疑态度,尽管没什么理由,但一段时间以来他们愿意坚持这一看法。将黄金存放在印度要耗费的成本(与这一主题相关)并不大,尽管理由不充足,但为了避免因为怀疑而引发货币体制崩溃,这种做法倒也值得一做。因此,如果像正常的做法那样(但不是作为法律的要求),将金本位储备的黄金以“专
124 用”黄金的形式存放于英格兰银行,而货币储备的黄金仍然存放在

印度,或许是一种让人满意的折中方式。或许应该补充一句,事实上,当局似乎正在向这个方向移动;因为不言而喻的是,他们正打算让金本位储备的“专用”黄金账户的数额累积到 500 万英镑。

然而,如果大部分黄金存放于印度,那么最重要的是,如果发生了危机,政府将把黄金运去伦敦,并按黄金汇率出售伦敦英镑汇票,或者,如果在印度放出黄金,那就只能允许银行接收黄金,并负责黄金的出口。不然的话,如果印度全国都可以随意获得黄金,部分黄金就可能消失,也可能浪费在贮藏中(就我们关心的支持汇率而言)。

至于将印度黄金存放于伦敦而产生的怀疑,是一件自然而然的事情,只有对货币体制和外汇机制具有充分了解,而不是仅掌握其大概之后,怀疑才能完全消除。人们自然而然地认为,与将这笔黄金放在印度相比,将这笔黄金放在伦敦更容易受伦敦货币市场的支配,而且,印度事务大臣出于腐败或私心的压力,可以轻松地将黄金置于伦敦金融家的支配下。除了印度事务大臣事实上受到这一压力的影响到什么程度的问题之外,人们也怀疑,他是否就是愿意受此压力之影响,因为我相信,一旦出现银根紧缩,伦敦市场很容易就能通过完全合法的途径,掌握部分印度黄金,不管当时这笔黄金是放在印度还是放在伦敦。正常情况下,印度所处的现状就是欠着伦敦的钱,这笔债务部分用寄售商品清偿,部分则采用短期借款续期的方法清债,或由伦敦市场给印度市场凭汇票或通过汇兑银行安排贷款,剩余部分也采用新的长期贷款清偿。如果伦敦市场出现较大的银根紧张,且伦敦也急需资金,那么,后两种方法的使用就受到严格限制,印度实际上会被迫用自己拥有的黄金 125
进行支付。准确地说,事实上这是因为印度打算承受这种压力,所以，持有大笔黄金储备非常必要。这样一来，既然支持汇率的黄金在英国和印度都能随意得到，就算伦敦货币市场真的缺少黄金，似乎它也不会自己扣着不给。如果黄金在伦敦，通过在加尔各答出售英镑电汇的方法，印度也能便宜且毫无拖延地履行自己的职责；如果黄金在加尔各答，一定会招致增加的费用和时间的损失。

唯恐其他国家拥有对自己黄金储备的留置权，是当前经常出现的国家妒忌心，但这种态度基本上与持有黄金储备的整个目的和意义相对立。黄金储备专用于艰难时分，用于履行政府的紧迫性职责。对一位银行户头有大笔存款余额却又欠着别人的钱不还的人来说，签张支票就能得到别人的好感，却出于妒忌心理就不给别人签支票，岂不是荒谬至极。白芝浩先生在消除英格兰金融家的原始偏见心理方面，确实为英国作了很大贡献，因为让人惊叹的是，很少有其他国家知道，虽然在持有黄金储备只是为了炫耀的时候，他们也不怀疑持有黄金有一些其他用途，但如果持有黄金储备只是为了使用，那么，黄金储备的存在其实还有更好的用途。

重商主义原罪隐约的萌动一直扎根在世人心中，并迫使世人将黄金看成超出世间一切财富的财富；妒忌伦敦货币市场有权有势的财阀为了他们自己的目的获得了本应属于印度市场的黄金；妒忌印度事务大臣像一个海外投资商一样，用这种方法寻求印度在危急情况下的独立自主；妒忌大不列颠可以利用或将印度的“专用”黄金视为自己的战争经费；所有这一切合起来，形成了一种极
126 难对付的、强势、顺理成章且又尚未觉察的偏见。读到抨击歹毒的金融家企图剥夺印度在世界新出现的黄金中“应得份额”的檄文，再平常不过了。我猜想，印度也一定打算牢牢抓住自己那结不出

果实的最爱。尽管众所周知的事实是，英格兰银行持有的黄金少于任何其他一流强国中央银行的黄金，甚至大大少于阿根廷银行(Caja)的黄金，但人们仍然相信，一国金融实力的评判标准是其国内持有的黄金量，而不是其在任何时候都可以偿付国际款项的即时性和确定性的程度。

那么，能发生什么有用的实质性变化呢？如我们在第三章简要描述的，最重要的是，我们可以动用提到过的权利，用储备中的汇票和其他特许证券垫款。

1912 年实施的政策，即在伦敦持有大笔现金余额并同时在伦敦货币市场向外贷款的做法，在印度和英国都引发了广泛的批评。我认为这些批评的内在思路理由很充分。如果印度政府在伦敦存放的钱，比之建立一个稳健的金融体制所需要的钱，多了哪怕一便士，他们就确实是从印度转移走了印度极其需要的资源，并有损于印度的贸易。但我不认为当局事实上应该承受迄今为止的这些严厉批评。把大笔存款存放在伦敦并不是一种永久性政策，而是因为 1912 年无法轻易预测的整体经济环境使然。而且，在此之前，政府并未持有比稳定货币体制所需数额更多的英镑财源。然而，公众情绪引导着未来将实施的正确政策的方向。如果我认为，在当前条件下，约 4000 万英镑的英镑储备具有充足性的看法没错的话，政府手中更多的积累，就应该放到印度货币市场出售，而不是 127
兑换成英镑。当前，我们并不具有如此行事的机制，又缺少这种恰当的安排，所以形成了印度金融制度的巨大缺口。如果不能依据于国内汇票的贴现来扩大纸币的发行，只能依据百分之百相对应的现金存款发钞的话，那么，法国或德国或其他任何欧洲国家会有什么看法呢？不过，这就是印度的情况。政府要么默许累积于自己手上的资金绝对无所事事地待在印度，要么将其转到伦敦赚取一笔低利率，否则别无选择（政府放在管区银行的存款除外，这笔钱我们将在后文讨论）。

如果纸币的使用不断增长，如果 4000 万英镑对于英镑储备来说是一个充足数字，印度的纸币储备基金不久就会有一大笔可用款项。而且，金本位储备的每一次增加，都会在某种程度上降低对在纸币储备中存放大笔英镑的需要。如果纸币储备中的多余资金不是用于给印度商人的长期贷款或准长期贷款，而是为季节性货币供给提供**灵活性**，并且使旺季**临时**需要用货币来增加购买力，而且还不用增加伦敦的货币，我们就可以获得最大利益。在未来，货币的**永久性增加**也会像今天一样达成。但源于季节性需要的**临时性增加**，应该由印度自己的合适的信贷货币组织提供。

因此，必须按照较高的利率出借货币储备，而且期限不能超过三个月；他们应该这样安排，让政府可以收回资金的所有权，而在每个淡季，贷款也可以减少为零。这样，政府在每个旺季开始之
128 时，手中都有充足而完整无缺的资金，在确信这一季节已经顺利结束之前，这笔资金都不会外借，很显然，通常的情况也证明了这种做法的正确性。贷款可以根据需求，用纸币或卢比发放。因此，这笔顺境贷款与我们在第 113－115 页讨论的逆境贷款，截然不同。逆境贷款用的是英镑汇票，出于完全不同的考虑。

现在我们继续讨论政府的现金余额账户问题。[①] 我首先要讨

① 本书第 90—92 页的继续。

论的是放在印度的那部分现金余额账户的管理方法，了解这种方法经由何种途径而产生发展，将有利于我们后面的讨论。①

1862年，管区银行手上的发钞权被收走，作为部分补偿，政府允许银行使用全部政府现金余额，如果不用的话，这笔钱本来也是要收入金库，或存入分行。政府提供的这笔钱的总数，超过了我们所说过的数量（孟加拉银行就有700万卢比），如果不打算用现金存放的话，这笔钱就应该投资于政府有价证券和其他货币当局证券。难题很快（1863年）就出现了，政府每次要求使用自己的资金，孟加拉银行就只能亏大本出售自己替政府投资的证券。实际上，迫使银行将政府资金锁死在证券上，任何时候都无法轻易售出的这种货币体制，明显存在很大的缺陷，所以在1866年，政府又出台了一个新的安排，根据这一安排，银行获准可以使用全部现金余额，并可以暂时安排这笔资金于银行自己的用途。这种安排似乎令人满意地一直运行到1874年。1874年，孟加拉粮食歉收，政府不得不在缅甸购买稻米，然后运往孟加拉救济灾民。买稻米要付现金，然而，当政府通知孟买银行要提取300万卢比（30万英镑）时，政府在孟买银行的现金余额大约有1000万卢比（100万英
镑），但银行不愿意让政府拿走这笔钱。总督诺思布鲁克爵士在通 129
信中提到这件事，印度事务大臣索尔兹伯里勋爵提议，政府不应该顾忌自己对银行的承诺，非要遵守将全部现金余额交银行支配的诺言，政府应该将这笔余额保留在自己的金库里，或者，“在利息和安全性都合适的条件下，用这笔钱做短期放贷”。这是一个有意思

① 见布伦亚特，前引书，第vii章，以下大部分内容，我们都是据此总结的。

的提法，近似近来一直考虑但未能付诸行动的那个提议，不过，印度当局却认为这个提法不合适，他们认为，这个提法使政府看起来像是要与银行展开竞争。但到了 1876 年，储备金库制度建立，政府承诺在一般情况下，会在银行存放确定数目的小笔资金，其余大笔资金将转入他们自己的储备金库。1878 年的结果表明，要想直接从银行转走新增贷款的全部收益，非常麻烦，人们告诉货币总监理官，“在某种程度上，他应该有权在合适的时候向银行提供出自储备的临时借款，如果银行愿意按照现行利率为这笔贷款付息，就可以提供”。银行方面对这笔借给他们的钱也没有拿出具体的保障措施。有时候，贷款就用这种方式随意地放了出来。1889 年，政府宣布“任何借助于财政储备拿钱来减缓货币市场紧张的方式，只能(1)通过银行，(2)按照已公布的贴现率，(3)用于舒缓临时性银根紧张”。然而直到 1892 年，贷款的放出一如从前。从 1892 年到 1899 年，财政储备已经很少向外放款了。1899 年，印度事务大臣致信印度当局，信中写道：“我并不反对你们用政府有价证券做抵押，按现行利率，在你们认为最合适的时期，向管区银行放贷。我倾向于认为，放款利率照例不应低于银行利率。”1899 年到 1906 年间，一共有四五次这类放贷，但自 1906 年开始，就再也没有这类
130 放贷了。但准许银行保有的没有利息的余额，在正常情况下，也不会超过法定最低数额。①

因此，印度现金余额的合理使用问题是一个十分古老的问题，

① 所有这些都涉及总行的现金余额。“分行手中的政府存款没有限制。但是分行的存款是绝对意义上的见票即付，在实际做法中，资金的调动也拥有绝对自由。”布伦亚特，前引书，第 98 页。

是一个政府对此没有实行一以贯之政策的问题。然而，最近的政策实施总体上就是不让银行业使用这笔资金。一方面，除了与银行保持正常的现金余额以外，政府不太愿意借款给银行；另一方面，现金余额的总水平却越来越高。

随着政府的做法越来越严格，有证据表明对这笔资金的需求也越来越少。我们知道，政府最初是在管区银行存钱，难题的出现是因为，政府存款在银行的总资产中占有很高比例，将这笔存款中的大部分突然发放出来，确非易事。即使政府在银行存放更多的资金，情况也不过就是这样了。1870 年，[①]公共存款达到 360 万英镑，远远超过了全部私人存款总额，也超过了银行资本金和储备金的 50%；1880 年，公共存款 190 万英镑，是私人存款的约 1/3；1890 年，公共存款达到 240 万英镑，相当于私人存款的约 1/4；1900 年，公共存款为 190 万英镑，略为不足私人存款的 1/4；1912 年，政府存款为 250 万英镑，不超过私人存款的 1/10。此外，自 1870 年以来，银行的资本金与储备金都已经翻倍。

当然，在上述安排下，交给三大管区银行存放的现金余额部分，每周都有不同。正常情况下，存放于银行总部的数额，大约在 100 万英镑左右变动。除此之外，存放在分行的数额大一些，经常 131
在 150 万英镑左右波动。存放于总行和分行的存款有不同的条件（见本书第 130 页的脚注），存放于总行的存款较多，是实实在在的见票即付存款，存放于不同分行的数额则有很大不同。存放于银行的资金总额，总行与分行加起来通常大约为 200 万英镑，近几

① 见本书第 144 页的表格。

年，存款最多达到过 300 万英镑。关于这些存款，就像英格兰银行和大不列颠政府存款的情况一样，银行是不付利息的。除此之外的那部分政府现金余额，以现金（卢比、纸币或沙弗林）的形式存放于各个政府金库。这就是目前的情况。在特殊情况下，政府也可以随时将额外的资金（如我们在前文所述）存入可以支付利息的管区银行。但这些权力最近并未加以利用。

鉴于本书第 130 页提及的事实，我的看法是，现有储备金库制度需要重新进行考虑，而且，目前已利用货币市场提取了太多的资金放入了财政部。

但是与本书第 126—128 页的说法相关的批评，遵从的是一种错误的思路，那种说法是，在当前对现金余额的使用上，存在很多过错，对于印度货币市场季节性银根紧缩采用的主要补救措施，就是在印度旺季出借这些现金余额。由于认为所有实实在在的补救都是基于贷出这笔资金，所以他们对单独一个年份中转瞬即逝的经济状况予以了过多关注。出于下面将给出的理由，我相信，印度货币市场不可能指望从这笔现金余额中获得太多的帮助，在未来，他们倒更有希望从日渐增长的纸币储备中得到帮助。

只有在一到两种条件下，利用现金余额做贷款才具有重要意
132 义：第一，如果在秋冬月份，政府金库的税收收益日渐累积，以致现金余额在旺季高出了应有的正常水平；第二，如果政府习惯性地打算实施保有比自己的实际需要多得多的现金余额的愚蠢政策。其中，第一个条件不可能达到具有任何重要意义的程度。土地税自然要在收获的庄稼出售之后而不是出售期间才能征收上来，因此，年末的现金余额数额自然不会太多。近年来，每年 8 月 1 日和 1

月 1 日的印度现金余额总数如下表所示：

(单位:10 万卢比)

	8月1日		1月1日	
	储备金库	印度的现金余额总额	储备金库	印度的现金余额总额
1906—1907	526	1718	160	1046
1907—1908	518	1714	320	1184
1908—1909	741	1954	76	933
1909—1910	222	1361	174	1016
1910—1911	949	2143	282	1318
1911—1912	962	2266	321	1518
1912—1913	1096	2458	1062	2199

上述总余额包括全印度无数地区金库的在用余额和已经存放于管区银行的资金数。因此，在我们考虑政府在繁忙时节能有多少资金外借时，我们主要应该关注 1 月 1 日储备金库的钱数。储备金库的数字很有说服力地表明，一般而言，在一年中最需要资金的时候，印度货币市场根本无法从储备资金那里得到实质性帮助。1913 年是个例外，[①]近年来，储备金库在 1 月 1 日的财力一直处于 100 万英镑和 200 万英镑之间。

1 月之后，税收收入确实是迅速增长。[②] 但事实上，在 1 到 8 133
月间积累的收益资金，像目前的状况一样，经过与政府票据(通常是在一年的这个时候大量售出)的兑现，又会很快放出去并回到货

① 1913 年的例外情况将在第八章讨论。

② 见 1911—1912 年的货币监理官报告：“一般而言，现金余额会在 7 月份达到最高水平。从 7 月往后直到 12 月，税收相对较少，现金余额也开始稳步下降，最后在 11 月或 12 月达到最低水平。12 月后，税收收入会远远超过支出需求。”

币市场。如果这笔钱是用贷款方式而不是采用与政府票据兑现的方式外放，其效应将会是：只有很少的资金会汇兑往伦敦；除非我们假定，汇兑往伦敦的资金比实际需要的资金更多，否则，这种情况就会给印度事务大臣在支付国内费用上造成极大不便。因此，多年来，只有在财政年度开始之前就有充足的资金汇兑往伦敦的条件下，印度金库的盈余资金才能因应各种情况，甚至在下半年的旺季也足敷使用。

我并不是说政府不应该借出印度的现金余额，但凡旺季出现了现金余额水平高到了不必要的情况时，政府就可以将现金余额外放出去。但这笔可以用这种方式放贷的钱，一般而言不具有重要意义。金融制度通过这类放贷可以获得的灵活性，与该制度从纸币储备的改革中可以获得的灵活性相比，要小很多。因此我认为，印度的现金余额尽可能留存纸币更加可取，这样也可以增强货币储备的功能，而所有贷款都可以通过货币储备来做。使用现金余额资金的问题由此也就转变为使用纸币储备资金的问题了。但是，如果想要采用不同的会计簿记制度，我们提出的这些事情也不会出现什么实质性变化。动用货币储备放贷的方法，稍加细节上的改动之后，就可以应用于现金余额的放贷。

134 英格兰银行至少有一个往来账户用来存放伦敦的部分现金余额。其余部分的处理方式在1913年印度事务部发布的一份官方备忘录（6619号）中有最好的描述：

> 1838年以来的做法是在（英格兰）银行存放一定数额的现金余额，其余部分则放贷收利。通常的做法是借给某几家银行、贴现公司、较高级别的股票经纪人等，这些银行、公司和

经纪人的名字都列在一张特许名单上，现在，这张名单上有62个名字。这份名单定期修订一次，申请加入者会在资质和财力以及其业务的性质方面受到严格考察。给特许名单上的借款人发放贷款的期限，通常为三到五周，偶尔也有六周的，这样，一旦有需要，全部现金余额都可以在六周内还清。总会计师每天都向印度事务大臣的经纪人通报可能续期的贷款数量、可能发放的新的贷款量、或者必须收回的数量。经纪人则负责拿到最好的利息收入。在保证金存入银行之前，印度事务大臣在英格兰银行账户中的贷款是不会向外发放的。1909年，人们发现，特许名单上的借款人无法吃进可用于放贷的全部资金；为了使资金尽其所用而采取了一项临时性措施，经纪人被告知，可将多余的资金暂时存放于伦敦的主要银行，通常的存放期限为一个月到三个月。

1912年秋天，新闻界发起了决定性的攻击，下院也就前文描述过的英国现金余额的管理以及数量问题，提出了质询。许多质询实际上混杂有其他目的，而不是想引出问题获取信息。但毋庸置疑的是，这些攻击和质询也使货币当局向公众公布了较之以前公布的更为翔实的细节。从我刚才引用的官方备忘录（6619号）中，我们可以发现一些非常有价值的内容。[①] 对整件事情进行了充分调查之后，我认为，货币当局只在两个问题上容易招致具体的 135
批评——即除了泛泛的政策质询之外。在他们能够很好地履行清

① 参见英奇凯普爵士于1912年11月12日致《泰晤士报》的信。我在这里避开了对印度政府财政体制非重要方面的详细讨论。

偿合约时，他们对印度票据做了展期处理（最后直到1912年12月才完成清偿）。如果1912—1913年的年成不好，或者，如果他们的预期无论在哪个方面意外落空，印度参事会就要重新发行票据。他们的这种行为在外界批评者眼中，是一种不妥当的谨小慎微。另一个问题是个小问题，但或许反映出我们的经济机体而不是印度事务部的奇特性。人们略微有点吃惊地发现，政府经纪人甚至不是一位全职官员，除了他的官方职责之外，他还有自己的独立业务，他的工资①是政府官员中除总督之外的最高工资。即使按照现在伦敦金融城的标准，他的工资可能也过高了一点。还是那个老问题，有必要给金融城的人提供这么高的工资，高到与从事其他社会服务的公务员的收入完全不成比例的地步吗？后者的服务价值不比前者低，工作难度也不比前者低。

现在总结一下本章的若干结论。所有国家，只要采用的交换媒介由比面值的价值更为廉价的材料构成，这些国家就必须持有一个货币储备。这些国家要有一个国家银行，货币储备的责任通常就交付给这家银行。这些国家无需银行插手，国家自己管理通货和纸币的发行，国家必须自己承担这些职责。合适的储备规模
136 必须取决于每个国家的具体情况。在印度，储备必须非同寻常的

① 在政府经纪人的工资中，无疑也要扣除某些费用，具体如下：

1908年　2642英镑
1909年　6396英镑
1910年　12728英镑
1911年　10544英镑
1912年（截至12月14日）7958英镑

根据1912年12月17日在下院回答质询时对工资数额的解释，掌握了这些数据。

大。理由在于:第一,印度是一个大国,这个国家的繁荣与贸易受制于气候条件,非常容易发生大范围的波动,而天气条件也不易预测;第二,这个国家利用了大量外资,其中不仅有长期投资,还有提前通知提款的短期投资,而且,印度持有的这些外债并没有一笔数量可观的国际股票债券可以与之相兑换。我曾经提出,4000 万英镑或许是当前政府可以持有的一笔数量适当的英镑储备。这笔储备如果放在伦敦,可以做到效用最大化,无论什么时候有了利用这笔钱的需求,就有钱可用。考虑到公众舆论并不清楚这笔储备的用途,或者说,考虑到印度事务大臣在经管这笔英镑财源时肯定会受到限制,在印度国内存放一笔具有相当比例金币的储备,不失为一种消除无根据猜疑的折中办法。一旦上述这笔数量的储备稳固地建成,就可以主动避免将更多的资金转入英镑账户或是伦敦货币市场。

由于货币的稳定性已经达成,或者接近于达成,所以,总体而言,经济的稳定性也已达成,尽管有些关于使用黄金的流行观点还是认为,货币正处于险境之中。货币体制仍然需要灵活性,因此,我们应该建立一种机制,通过这种机制,由于日渐增多地使用纸币而累积在政府手中的更多资金,可以在印度的季节性货币供应中,用于提供所需的灵活性。

要让印度民众了解到,将黄金作为交换媒介是一种奢侈浪费,因为猜疑伦敦货币市场而贬低自己储备的效用是愚蠢的,推动纸币的使用,对他们自己的贸易和他们自己的货币市场资源而言,都极为有利;他们的金融制度因为适应他们自己的具体环境,不久就 137
会越来越出色。过去二十年的历史已经发生了变化。货币当局已经——明智地——建立起了他们早就应该建立的储备。这一过程必须从印度货币市场挪移资金，自然也会引发某种程度的异议。但是，我们很快就可以收获精心培育的果实。

第七章　印度的银行业 138

从讨论货币与政府财政转向探讨相近主题的银行业，我们在某种程度上就面对局外批评者难以自由获取统计数据及相关信息的问题。公开发布的数字并不足以让我们知道更多的我们希望知道的内情，而有关印度体系的文献，基本无处可寻。因此，我必须冒着时时发生数据错误的风险，但我希望，如果这些错误引发了批评，它同时也会抛砖引玉为我们揭示出真实的情况。

印度的货币市场和银行体系由下面 4 个主要部分构成：

(1)管区银行；(2)欧洲汇兑银行；(3)印度商业股份制银行；(4)钱币兑换商、马尔瓦尔人(Marwaris)以及其他私人银行和货币放款人。

前两个构成了我们称之的欧洲货币市场，其余两个是马尔瓦尔人和帕西人(Parsees)领导下的印度货币市场或本国货币市场——即内地银行，比如欧洲人管理和担任要职的印度商业股份制银行，如阿拉哈巴德银行和西姆拉联合银行等，或许，这些银行也是具有中介人地位的银行。当地货币市场位于欧洲商人办公的主城区之外，完全掌握在印度人手中，而主城区的大部分外贸则掌握在欧洲商人手里。

我不清楚这两个货币市场——本国货币市场和欧洲货币市场

之间存在多么紧密的联系，也不知道相互之间的利率水平有多接近，还有资本如何从一个市场迅速流向另一个市场。这方面的一些证据曾被提交给1898年的福勒委员会，但那已经是十五年前的
139 老资料了。1899年前的一段时期，曾是一段紧缩时期，地方货币市场利率大大低于管区银行利率的情况，非常普遍，两个市场之间的联系似乎有些缺陷。下面这段引文非常有意思，引文摘自孟买银行财务主管J. H. 斯莱写于1898年的一封信（重刊于福勒委员会报告的附录）：

> 在上一个出口季，钱币兑换商手上的60天即期汇票没有达到8%以上的贴现率……这是当时孟买和加尔各答当地市场的利率，而在当时，汇兑银行吸收短期定期存款的利率定为年利9%，10%和甚至11%，而管区银行为了尽力满足贷款需求，将年利率定为12%到13%。但这些事实没有什么奇特的地方。在财政紧缩时期，同样的独特性却一再呈现出来，而就在此时（1898年11月），在银根无论如何都不紧的情况下，当地货币市场利率和管区银行利率之间仍存在一个大约2%的差额。我曾经发现，在官方银行利率上升至异乎寻常的高水平之时，地方市场的利率却没有做出最大程度的反应，但在管区银行利率升至10%或12%的时候，一般情况下，地方市场利率都会止步于7%或8%。对此的解释非常简单。为整个印度的国内贸易提供资金融通的钱币兑换商，很少或从来就没有为欧洲票据提供贴现，也从来不买卖外国票据或英镑汇票。他们并不做政府有价证券或类似证券的抵押放贷，只是将自己的业务限于地方汇票（*hoondees*）贴现、为农夫贷款以及黄金和白银的兑换。

> 他们买卖地方汇票的对象大多是大大小小的贸易商，贴现率大约在每年9%到25%的范围。但他们相互买卖的地方汇票，主要是有钱币兑换商本人背书的贸易商汇票，这些地方汇票主导了地方市场的利率，在通常情况下，地方市场贴现率经由议价而定，在旺季情况下，贴现率从5%到8%不等。在利率较低的时候，他们也大量贴现主要由管区银行背书的地方汇票，而且，只要贴现率抬升到6%以上，他们就不再继续这项业务。他们有时也大量投机于政府有价证券，尤其是在淡季，但他们很少持有政府有价证券，或进行政府有价证券的抵押放贷。

我没有发现有证据说明，在上述引文中勾画出的一般情况，并没有继续保持下去，但近年来，管区银行利率的上升并没有超过9%，上述引文所描述的趋势发挥作用的时机，我们难得一见。140
1898年之前的这段时期，印度货币市场普遍存在的这种情况，在许多方面都极不正常。我推测，两个市场的利率差，可能比实际显示出来的差额还要大，这种差异可以用容易使业务交易受到影响的不同的条件和不同的安全性来进行解释。但是很显然，由印度的季节性和收获期这些核心要素引发的利率水平的上下波动，在两个市场一定相同，地方货币市场最终一定要依靠欧洲货币市场，才能拿到额外的现钞供给。

因为我主要是对印度的银行体系感兴趣，就本书所关注的论题而言，我将从银行体系对资金汇进汇出印度的影响的角度出发，主要考察我所称之的欧洲货币市场，即管区银行和汇兑银行。但一位了解这些事实的印度学者，可能会更令人称道地阐明一个我必定会带着疑虑与猜测去关注的问题。

孟加拉的管区银行开办于1806年，并于1809年接受了东印度公司的公司章程。[1] 孟买第一银行成立于 1840 年，[2]也接收了相同的章程，马德拉斯银行则成立于 1843 年。这些银行在其他管区的建立，结束了孟加拉银行成为全印度独家银行的可能性。一开始，管区银行都具有半官方性质。在孟加拉银行建立之初，东印度公司则拿出了资本金的 1/5（这一比例后来越来越小），并任命了三位董事会成员。一直到印度反英暴动时期，公司秘书与司库都由签约文官把持。

141 到了 1862 年，银行有了发钞权，但这一权力的约束性很大，银行的即期债务总额限制在现金储备的某一倍数之内（一开始是 3 倍，后来是 4 倍），银行的各种负债总额限制在银行资本金总额之内（直到 1839 年），或者，银行的发钞总额限定为一个固定的量（从 1839 年到 1862 年），这样，管区银行的发钞就不再有什么重要意义。1862 年，发钞管理权由政府接手（接手方式已经在第三章中讲过）。同时，私人银行的发钞权也最终废除。[3] 1876 年，政府交

---

① 见 J. B. 布伦亚特先生的《管区银行报告》（1900），下面的一些历史细节主要出自该报告。布伦亚特先生的《报告》对研究银行史的学者具有很高的价值。

② 1868 年，孟买第一银行进入停业清盘，尽管银行债务最终全部偿清。同年，新的孟买银行成立。

③ 1862 年，这样的发钞量可以忽略不计，但在早些时候具有非常重要的意义。“或许，印度第一家按欧洲方式经营的银行，是 1770 年左右由一家私人贸易公司在加尔各答设立的印度斯坦银行。这家银行发行的纸币虽然没能得到政府认可，却可以在地方流通。流通量偶尔达到 400 万或 500 万卢比，一般情况下则是这个数量的一半。”据说，“多年来，加尔各答所有公职人员都接受这种纸币，只财政部官员除外。”这里有两件事情，一件发生在 1819 年，一件发生在 1829 年。一次经济恐慌的发生使得银行拿出了价值 200 万卢比的现钞，迅速地满足了需求（Branyate，前引书，第 55 页）。这家银行和其他银行都在 1829－1832 年的商业灾难中消失了。“他们破产之后出现了联合银行，一家由加尔各答所有重要家族共同创建的股份制银行”（Branyate，前引书，第 59 页）。1834 年，孟加拉银行拒绝接收这一可怕对手发行的纸币，1848 年，联合银行消失。

出了自己在银行资本金中的股份，放弃了董事任命权。[1] 自那时以来，管区银行失去了其官方性质，但因为受银行特许条例（《1876年管区银行法》）的制约，仍然与其他银行有所区别。

从一开始，管区银行的商业性质就受到了非常严格的限制。或许，这些限制最初部分是因为东印度公司董事会部分成员的妒忌感，他们担心这些银行会与东印度公司自己的业务（比如外汇业务）展开竞争，但主要原因是希望在印度这种危险国家开办一家半官方银行机构，应该按一种尽可能最安全的原则经营。[2]
我们在布伦亚特先生的《报告》中可以看到一段非常有意思的银 142
行限制的历史。1862 年，这些限制大部分已放开，但 1876 年又重新实施了最重要的限制规定[3]。自那时以来，仅仅有过一些小小的变动。

现在对管区银行实施的主要限制规定如下：

(1)银行不能开出、贴现或买卖汇票，以及其他可转让证券，除非这些汇票或证券是印度[4]或锡兰的应付款。这些限制完全切断了管区银行从事英镑汇票或任何外汇交易的机会；(2)银行不能借入或接收印度境外的应付抵押存款，或者，为此目的或类似目的而

---

[1] 某种程度上，这也是孟买银行 1868 年破产的必然后果，政府已经发现了作为一家银行的股东的尴尬地位，政府对银行所负的责任无法清楚定义。

[2] 印度银行体系学习英国并受英国影响的途径，可以通过这样一个事实得到很有意思的说明，即：印度的管区银行章程中的几个条款，直接抄自 1695 年的英格兰银行章程。

[3] 这也是孟买银行在 1868 年破产的部分后果。

[4] 使用本金做具体用途的汇兑除外。

保留一个国外分行或代理机构，这样，他们不能在伦敦筹集将在印度[1]使用的资金；(3)银行不能贷出期限超过6个月的长期贷款；[2](4)不能做按揭或任何方式的不动产担保；(5)不能接收少于2个人签名的期票；(6)不能接收个人担保；(7)或者货物担保，除非这些货物或货物的所有权作为担保质押给了银行。

条款中的第(5)项存在一个漏洞，因为这个漏洞，这些规则在实际操作过程中不如纸面上那么严格。虽然任意两个人的签名就能满足《管区银行法》的字面要求，但是，两个人的签名并不必然就是最好的保证。在拿到足以满足《管区银行法》要求的两
143 个人签名后，银行管理当局接下来就可以从技术上采取某种安全方式，以满足为严禁他们放贷而制定的审慎银行条款的规定。这是遵循有四十年之久的详尽的《管区银行法》来管理银行的绝好例子。我相信，正是最后一条法规促使银行建立了一种保税仓库用来接收商品。在其他情况下，银行也可采用权宜之计，花钱请个看守人，将借款人自己的厂房或货栈用于这一目的。在这种情况下，借款人的个人担保显然就是货物，这也一定会产生一种诱惑，使他看重自己的货物，而不是让银行陷入租房或看守大批商品的麻烦之中。

作为对这些限制条款的某种补偿，管区银行获准可以拥有部

① 1877年，银行强烈要求放松这一条款。但印度事务大臣握有“在英格兰创立一家外国代理机构的特许权，比如，决定让他们进行贷款交易，允许银行将一大笔资本金锁定在如此遥远的地方，以致在印度出现危机之时，不能为印度救急”。这一说法现在似乎没什么用处。但这种担心会使他们避免将资金锁定在印度。

② 截至1907年，最长期限为3个月。

分政府现金余额，而且不用支付利息。1862 年首次转给他们的这笔余额，就是对剥夺他们发钞权的补偿。截至 1876 年，管区银行持有的全部政府现金余额（取决于具体条件），一般情况下，都被存放在银行建有总行和分行的城市的政府金库。但绝不止一次，在政府希望提取大笔资金的时候，银行却犯了难。因此在 1876 年，政府建立了储备金库，自那时以来，只有部分现金余额存放于银行手中。[①]

因此，我们现在要借助于管区银行漫长而复杂的历史，来解释管区银行的现有章程。毋庸置疑的是，这些限制条款过去对银行运行的稳定性做出了贡献。孟加拉银行就见证了无数竞争对手的起起落落。由于法律绝对阻止了更多的商业投机行为，
所以这家银行经历了六次以上的严重危机仍然存活下来，而在 144
过去的一百年中，印度的金融体系却深受这些严重危机之苦。再者，尽管有这些限制条款，管区银行还是显示出了巨大的活力，以及不亚于在过去十年顺风顺水条件下之汇兑银行的扩张力。但眼下他们的章程却太过时了。最初引起他们思考的问题，现在已不再有效——比如，采用了金本位制，就结束了具有高度投机性的外汇交易业务。在印度金融制度中，这些银行不再像在原来的历史条件下他们担当的角色那样，再担当有用的角色。

三家管区银行的资金统计如下：[②]

① 见第六章，本书第 128－133 页。

② 按照 1 先令 4 便士的统一汇率将卢比转换成英镑。

12 月 31 日	资本金，储备与其他	公共存款	私人存款	现金
	英镑	英镑	英镑	英镑
1870	2412000	3620000	4264000	6646000
1880	2702000	1941000	5662000	4943000
1890	2984000	2395000	9842000[1]	8645000[1]
1895	3267000	2218000	8747000	5131000
1900	3731000	1870000	8588000	3363000
1905	4156000	2078000	14842000	5487000
1906	4266000	2052000	18301000	7300000
1907	4366000	2239000	18742000	6350000
1908	4461000	2172000	19077000	6925000
1909	4521000	2132000	21767000	7770000
1910	4607000	2824000	21563000	7567000
1911[2]	4650000	2640000	23250000	9430000
1912[2]	4900000	2530000	24000000	8070000

1. 因为货币超量，该年较为反常。

2. 1911 年和 1912 年的数字没有采用相同的统计结果，也没有在细节上进行严格比较。

我们不用对这些数字做过多的评论。自 1900 年以来，私人存款的增长非常引人关注（从 1900 年的 850 万英镑，上升到 1905 年的 1500 万英镑，再到 1912 年的 2400 万英镑）。这一增长也伴随
145 有关资本金和储备以及现金的增长。由于管区银行每周都公布自己的业务报告，因此，他们不太可能在资产负债表上“弄虚作假”。上面给出的 12 月 31 日的数字表明，旺季资金量会减少，现金持有的比例让人没有抱怨的理由。但我们还是要说，虽然总行的公共存款较为稳定，不易发生突然减少的情况，但分行的公共存款情况

却不同，而且主要是随到随取的存款。这样，银行就必须在相关分行持有大笔现金，这种安排使得为私人存款准备的现金，在某种程度上显示出比之应有的意义更具启发意义。大家一定还记得，某种程度上，管区银行是银行的银行，其他印度银行要与管区银行进行现金余额的结算（包括私人存款的余额）。

《管区银行法》中的两个条款经证明是影响印度银行体制发展的基本条款，一是禁止管区银行从事外汇交易，二是禁止管区银行从伦敦筹集资金。为处理这两类业务——虽然银行建立伊始，并没有限制他们从事这一交易——又出现了一家名为汇兑银行的银行。官方说法是，如果一家银行的总部坐落在印度之外的其他什么地方，但是银行所从事的业务与我们上文描述的基本相同，这家银行就是汇兑银行。印度正金银行是唯一一家在伦敦设有分行的印度股份制银行，但在伦敦设立分行或许与其白银和珠宝业务有关联，这家银行并没有汇兑银行本应从事的那类业务。

汇兑银行可以分为两组，一组是自己的大部分业务在印度的银行，一组是在全亚洲从事相关业务的大银行有限公司的代理机构。第二组银行包括巴黎国家贴现银行（Comptoir National 146
d'Escompte de Paris）、横滨正金银行（Yokohama Specie Bank）、德华银行（Deutsch-Asiatische Bank）、国际银行公司（International Banking Corporation）、俄亚道胜银行（Russo-Asiatic Bank）。这些银行分别代表了印度、法兰西、日本、德国、美国以及俄国的利益。我们现在没有数字显示这些银行的业务在印度全部业务中所占比例，如果（比如说）横滨正金银行在印度的业务量占5%—10%多一点，其他银行的印度业务量少于这个数字，我一点都不会奇怪。因此在接下来的讨论中，这五家银行的情况将忽略不计。

第一组包括 6 家银行：德里伦敦银行（Delhi and London Bank，1844）、麦加利银行（Chartered Bank of India，Australia，and China）、印度国民银行（National Bank，1863）、香港上海汇丰银行（Hong Kong and Shanghai Banking Corporation）、印度有利银行（Mercantile Bank of India）[1]以及东方银行（Eastern Bank，1910）。银行名称后面的日期是银行成立的年份。其中两家银行，即麦加利银行和香港汇丰银行，在东亚其他国家，尤其是中国，有很多业务，[2]但这并没有妨碍他们与印度有着重要的联系。其他四家银行主要在印度做业务。[3] 值得注意的是，在 1864 年到 1910 年间新成立的汇兑银行今天已无一家幸存。[4] 从银行股东的观点看，上述多数银行都获得了极大成功，尤其是在最后十年中。所有银行中成立最早的德里伦敦银行，[5]并没有显示出超过其他银行
147 的活力或扩张力，东方银行虽然在成立之初经营良好，但过于年轻，这里不予置评。但从其他银行的股份看，如果允许发行赠股，那么股票溢价可达约 200％或更高水平。然而，目前创办一家汇

---

① 这个日期是印度有利银行成立的日期，它的前身是印度伦敦中国三处汇理银行，其成立日期更为久远。

② 麦加利银行从来没有在澳大利亚做过业务。（译按：麦加利银行又译为印度新金山中国汇理银行。新金山指在墨尔本发现的金矿，汉译借指澳大利亚。）

③ 但并不是只在印度做业务，比如印度国民银行在东非有自己的利益，东非海岸与印度有很多贸易联系，卢比也在那里广泛流通（见本书第 109 页的卢比出口数据）。

④ 新丽如银行（New Oriental Bank）成立于 1885 年［丽如银行（Oriental Bank Corporation）于 1884 年倒闭］，1893 年清盘。

⑤ 我想，这家银行与其他银行相比，也许更富印度股份制商业银行的特征，而较少汇兑银行的特征。

兑银行可能极为困难,[①]除非得到了已经在印度建立了强势地位的某些重要金融机构的庇护。印度的汇兑银行没有给善于投机或勇于进取的外部人提供从事业务的机会,银行赚到的大量利润,受到根基稳固且轻易无法冲击的优势的保护。

总之,上述概述使我们得出一个重要结论,为印度贸易融资的业务,迄今为止都掌握在伦敦拥有一席之地的银行手中,[②]在很少的几家银行手中。一般而言,靠着大笔储备基金的支持,这些银行拥有超强的金融地位。在这一方面,印度正在享有因过去的灾难带来的成果,享受着为了生存而争取到的诸种条件带来的成果,生存条件过于苛刻,所以只有最适者才能生存。如果现在这段繁荣持续太长时间,印度无疑将会丢掉这一繁荣。

我不打算完整地描述典型的汇兑银行的业务活动。汇兑银行的大多数业务都与其他银行非常相似。但是,对其最具特色的交易进行更为细致的描述,对与本书主题最具相关性的部分进行研究,将非常有意义。

除了资本金和经由利润积累的储备金之外,一家汇兑银行还通过吸收定期存款或活期存款来壮大自己的资金。汇兑银行可以在印度和伦敦揽存,但汇兑银行揽存的主要目标,是在伦敦,他们依靠提供比英国银行所能提供的更优惠的条件,在伦敦 148

① 东方银行的建立就得到 E. D. 萨松先生的资助,两家重要的法国银行和布朗希普利公司则是董事会成员。

② 当然,大多数拥有半银行特点的业务,则由金融商贸公司经营,其中有的是重要的大公司,在印度和伦敦都有机构。但这些公司都是私人企业,不会公布可以让我们进行考察的业务信息。

吸引存款。对一年期或期限更长的存款，他们给付 4%或 3.5%的利率；一年期以下的存款则是可变利率存款；活期存款 2%的利率水平，将取决于每月最低余额，或者取决于超过某一固定最小数额的余额。除了每家银行都有的现金、短期通知款项和投资以外，还有一笔既定数额的资金用于在印度或其他地方放贷。但是，这笔放贷资金大多用于购买（或贴现）汇票。这些汇票有的在伦敦议付，在印度开票，但大部分是在印度议付，在伦敦开票。一家生意繁忙的汇兑银行能够贴现比自己所能持有的多得多的到期贸易汇票。但在伦敦开票的汇票，也可以轻易地在伦敦再贴现。由于大多数汇票，不管是到期汇票还是再贴现汇票，都由印度的银行购买，但却是在伦敦收钱，所以银行一直处于这样的状态，即自己的钱在伦敦，但却需要在印度用钱（想购买更多的汇票）。因此，他们开始在伦敦买进政府票据（或汇票）或沙弗林（从英格兰银行或埃及银行及澳洲银行的代理商那里），并在印度交割，或者，购入白银（尽管他们从事白银交易的重要意义大大低于购买前者）①并汇兑往印度，以期做平伦敦和印度之间的来往账目。至于什么因素决定了这些方法的相对利益，这个问题我们在第五章已经有过讨论。

这样一来，政府票据的需求，主要依赖于汇兑银行在印度开展了多少新的业务。电汇的方法使他们能迅速从印度代理机构那里拿到通知。印度分支机构拿到资金就能马上进行商业汇票的交
149 易，按他们眼中非常满意的价格开出价格，从而使这笔生意非常值

① 偶尔也有另外一种可用方法，即在伦敦购买政府卢比有价证券，再在印度售出。

得一做。几个星期之后，汇票到达英格兰并按期承兑，如果银行需要额外的活动资金购买更多的政府票据，以及打算用这笔钱倒手再做同类的另一笔交易，也可以将票据再贴现。

现在，我们已经明白，印度事务大臣说的，他为了满足贸易需求而出售票据时，他这话的含义。如果印度事务大臣取消了便利的电汇，或者迫使银行通过运送沙弗林的方式将自己的资金用于印度，他就会使政府票据在印度的贴现延期，或是增加额外费用。换句话说，印度贸易商将自己出口的货物转变为货币就不太容易了。另一方面，如果正赶上印度的歉收年，而且出口下降，票据的贴现价格就会下降，伦敦汇兑银行购买政府票据的需求，就会相应减少。

值得注意的是，从伦敦货币市场的角度看，不管是汇兑银行采用在伦敦吸收存款为印度的贸易融资，并自己持有票据，还是贴现公司和伦敦的银行吸收存款并用这笔款为汇兑银行再贴现票据，这个传导机制的差别都不是很大。就汇兑银行可以自己吸收存款，并不用为此支付过高的利息而言，这种方法通常对他们更为有利，尤其是，如果他们能用这种方式持有大批他们贴现的票据，然后在他们再贴现这些票据之前（因为他们最终是要卖掉这些票据的），在手上放上一段合适的时间，就更有利可图了。但是，除了这些不公开的利润之外，最重要的是印度的贸易靠在伦敦借钱购买政府票据融通资金的程度，这笔钱是由汇兑银行的储户提供，还是由再贴现票据的人提供。

初看起来，印度金融制度的稳定性存在某种危险，因为，印度的货币市场在很大程度上依靠遥远的国外金融中心筹措短期资金 150

而非长期资金进行市场资金融通。[①] 为了准确评判这种危险无论如何是不是真正的危险，我们有必要拿到一般情况下不会公布的某些数据。我们并不知道汇兑银行的存款总额中有多大部分存放在英格兰，或者说，我们不知道这些存款中有多少是一年期或一年以上的固定存款，多少是见票即付存款或短期通知存款。由于我们讨论的这种银行制度是他国的银行制度，情况通常是这样：想知道的不能说，而能说的又不想知道。我把我那些有价值的猜测写在本书的第 153 页了。同时，如果我们了解情况，我们要讨论一下指导我们的原则。

很显然，如果银行打算在英格兰借入短期通知货币，并用于印度——尤其如果他们打算大规模做这件事的话——情况就可能非常危险。他们可能会被要求返还他们在英格兰借的钱，但他们却不能在接到通知后就拿回他们已在印度放贷出去的钱。因此，我们要研究的原则是，不管在哪个国家借来的短期通知货币，都不能超过本地的资产。但是，英国和印度两国的汇票却存在问题。我们无法马上明白，哪一部分银行资金可以恰当地看成英国的本地资产，哪一部分银行资金可以恰当地看成印度的本地资产。我认为答案应该是，在英国承兑的汇票，而且在英国到期支付，就是英国资产，而不用管最初在什么地方转让的。这

① 印度开票伦敦付款的票据数量以及未清账款数量，当然不可能用于对印度靠国外资金融通的程度做出正确的度量。票据也可能被用来为国外买家提供资金，其实就像为印度卖家提供资金一样。比如说，一位印度的棉花交易商，可能拿到买家，即一位欧陆纺纱业者支付给他的三个月的银行汇票，这位纺纱业买家可以在票据承兑的两周内，拿到棉花。因此，这种做法实际上为棉花厂提供了资金融通。

样，从印度汇兑银行的情况看，他们在伦敦的短期贷款、在伦敦
的现金、在伦敦有指定支付场所的商业证券以及能迅速在伦敦 151
出售的证券，至少应该与他们在伦敦的存款（不是长期定期存款）保持平衡。同样，他们在印度的流动资产，至少也应与他们在印度的短期负债保持平衡。

这些情况事实上到底有多令人满意，如我在前面所说，我们根本不可能确切地知道。汇兑银行不会在他们公开的账目中，对印度和伦敦的存款做出区分。但是，他们还是将一些各个年份印度和别的地方各自的存款这种不公开的信息，告诉了印度货币当局。所有汇兑银行的存款总数加在一起，公布于《英属印度统计》第二卷。因此，公众在这些相关时期的二到三年之后，可以看到这些数据。①

就我们所考察的印度存款来说，这些报告数据非常重要。但印度以外的存款总数，几乎没有什么用。如果将两组汇兑银行——即主要业务在印度的银行和业务分布在世界许多地方的欧洲代理银行——归并到一起，这样，就将巴黎国家贴现银行的全部法国存款和本书第146页所列举的其他银行及其印度代理机构无论在哪个国家的存款，总计到了一起。因此，数据可能与印度特有的问题缺乏相关性，但我对从官方统计表中征引印度汇兑银行的存款总额和与之相对的印度持有的现金余额数据非常满意。

表中极其清楚地显示出两个事实：一是汇兑银行近年来的印度国内存款资金增长迅速；一是他们认为与印度现金余额增长相

① 比如说，1910年的数字要到1913年初才在英格兰公布，公众才可以获得。

适应的缓慢增长。① 这种情况在近来明显出现了很大的变化。一
152 想到我们要在上一年(1912 年)12 月才能知道银行的情况，而之前已经过去了两年，真是让人哭笑不得。《英属印度统计》提供的帮助，不比历史学家多多少。

汇兑银行

	印度的存款	印度的现金余额		印度的存款	印度的现金余额
	英镑	英镑		英镑	英镑
1890	5000000	2300000	1905	11400000	2500000
1895	6900000	1800000	1906	12100000	3400000
1900	7000000	1600000	1907	12800000	3700000
1901	7900000	2200000	1908	13000000	2500000
1902	9100000	2300000	1909	13500000	2800000
1903	10800000	2100000	1910	16200000	2900000
1904	10900000	3300000			

如果印度发生了国内金融危机，汇兑银行可能会预期，他们可以通过电汇从伦敦汇兑资金来印度。在这种情况下，他只能寄希望于印度与英国不要同时出现资金紧张的情况。印度储备(如已显示的那样)能够持有英国储备的(比如)18%到 20%，就算数量可观了。但在印度这样一个银行制度根基不牢且贮藏不仅仅只是回忆的国家，储备的比例或许比它应有的水平要低一些。汇兑银行顺风顺水的经营已经超过了对他们的预期。印度银行史上那些

① 一方面，这些现金余额比表面上看到的更差，因为账面上还包括汇兑银行在管区银行中存放的现金。另一方面，汇兑银行经常有汇兑中的沙弗林或政府票据，他们可能认为这些汇兑中的沙弗林或票据就等同于现金。

著名的日子，就是提醒人们，人终有一死。

如果我们转而研究英国汇兑银行的资产和负债，就会找到提出一个更健全头寸的理由；因为汇兑银行持有的大部分汇票，可能在伦敦有指定的支付场所，因此会被视为伦敦的流动资
产。① 下表显示出与存款相关的数字，但省略了香港上海汇丰银 153
行的数据，原因在于，虽然该银行的印度业务非常重要，但也只是该银行全部业务中的一小部分而已。我还将我在本书第 146 页划分的第一组银行名单中给出的银行全部包括在内，尽管将麦加利银行和印度国民银行的非印度业务包括在内不可能很准确。

定期与活期存款(百万英镑)

银行	1900	1905	1906	1907	1908	1909	1910	1911	1912
麦加利银行	$9\frac{1}{4}$	$11\frac{1}{2}$	$13\frac{1}{4}$	$12\frac{1}{4}$	$12\frac{1}{2}$	$13\frac{3}{4}$	$15\frac{1}{2}$	$16\frac{1}{4}$	18
国民银行	6	9	$9\frac{3}{4}$	$10\frac{1}{4}$	$10\frac{1}{4}$	$11\frac{3}{4}$	$12\frac{3}{4}$	13	14
有利银行	$1\frac{1}{2}$	$2\frac{3}{4}$	$3\frac{3}{4}$	$3\frac{1}{2}$	$3\frac{1}{2}$	$4\frac{1}{2}$	$5\frac{1}{4}$	$5\frac{1}{2}$	$5\frac{1}{2}$
德里伦敦银行	$1\frac{1}{4}$	$1\frac{1}{4}$	$1\frac{1}{4}$	$1\frac{1}{2}$	$1\frac{1}{4}$	$1\frac{1}{4}$	$1\frac{1}{2}$	$1\frac{1}{2}$	$1\frac{1}{2}$
东方银行	—	—	—	—	—	—	$1\frac{1}{4}$	$1\frac{3}{4}$	2
总计	18	$24\frac{1}{2}$	28	$27\frac{1}{2}$	$27\frac{1}{2}$	$31\frac{1}{4}$	$36\frac{1}{4}$	38	41

截至 1912 年年底，被这五家银行掌握的现金总额大约为 775 万英镑。我估计在 1910 年，这些银行在印度以外地方的存款可能

① 毫无疑问，汇票中有一部分是指可以在有国外指定支付地点的伦敦银行分行提取的汇票。这些汇票并不因为可在伦敦承兑而容易贴现，英格兰银行就不愿意接收这种汇票，所以收取 1/4%的额外贴现费用。但从我们现在的目的看，我认为我们仍然可以将其看作伦敦流动资产。

约为 2300 万英镑，手上的现金约为 500 万英镑。

至于这些存款中有多少是长期存款，我们并没有准确的信息。只有麦加利银行和东方银行在自己的会计表中对定期存款和活期存款做了区分。1912 年，麦加利银行有 1050 万英镑的活期存款，750 万英镑的定期存款。东方银行有 50 万英镑的活期存款，150 万英镑的定期存款。① 总的来看，银行存款中的半数以上是活期
154 存款或短期通知存款。如果我们猜测一下，1910 年，这些银行在印度以外的活期存款约为 1300 万英镑，但并不是所有这些活期存款都放在伦敦（麦加利银行和国民银行尤其如此）。虽然银行在伦敦的资产总量问题，并不适合借助于统计摘要进行讨论。但我并不认为我们有丝毫理由可以指出这种状况不是一个健全的状况。

之前分析依据的原则，可以通过假设的平衡表简单加以说明，但这个表不会比公开发布的更简单。

	百万英镑		百万英镑
（1）资本金与储备金	$1\frac{1}{2}$	（7）伦敦的贷款和预付款	3
（2）伦敦的定期存款	$3\frac{1}{2}$	（8）印度的贷款和预付款	3
（3）伦敦的活期存款	$2\frac{1}{2}$	（9）印度出票伦敦承兑的商业票据	$6\frac{1}{2}$
（4）印度的定期存款	2	（10）伦敦出票印度承兑的商业票据	$1\frac{1}{2}$
（5）印度的活期存款	$2\frac{1}{2}$	（11）伦敦的现金	$1\frac{1}{2}$
（6）印度出票伦敦承兑并在伦敦能贴现的商业票据	$5\frac{1}{2}$	（12）印度的现金	$\frac{1}{2}$

① 我相信，东方银行为定期存款提供的条件，好于其他银行。

		(13)证券	1
		(14)包括白银在内的各类资产	$\frac{1}{2}$
	$17\frac{1}{2}$		$17\frac{1}{2}$

上表还可能会公布如下：

	百万英镑		百万英镑
资本金与储备金	$1\frac{1}{2}$	贷款、预付款 等	6
存款 等	$10\frac{1}{2}$	汇票	$2\frac{1}{2}$
		现金　等	2
		证券	1
		各类资产	$\frac{1}{2}$
	12		12

（再贴现汇票和未偿还贷款　　$5\frac{1}{2}$　百万英镑）

设上表中承兑汇票的数额可以在现金中扣减，所以上表省略了承兑，还省略了各种小项目。“实际用于印度的资本”是(viii)＋(x)＋(xii)＝ 500 万英镑。“实际用于伦敦的资本”是(vii)＋(ix) 155
－(vi)＋(xi)＝ 550 万英镑。① 证券和各类资产(xiii)＋(xiv)＝150 万英镑，或许人们认为这种情况在哪个金融中心都一样。如果印度出现了挤提，可在印度使用的流动性资产为(v)。如果伦敦出现了挤提，可在伦敦使用的流动性资产为(iii)。我们可以满足这一假设例子中的第二种条件而不是第一种条件。如果银行不得不将印度资金汇兑回伦敦，最简单的方法就是不在(ix)项计入新

① 这里较为混乱的地方是：(ix)是预先支付给印度商人的预付款数量；(x)是预付给英国商人的预付款数量。但是(ix)必须计入英国资产，而(x)计入印度资产。(ix)期满后在英国付款，当然，银行已经通过在印度的购买预先支付了款项。

的业务。(ix)项下已购买的商业票据，并在伦敦再贴现或允许在伦敦到期支付，将会自动增加伦敦的可用资金，因此没有必要购买政府票据。如果可能在印度要求还清贷款并减少(viii)项，就有可能在印度购买更多的计入(ix)项的商业票据(或者，如果贸易不景气的话，购买政府的英镑汇票)，且不用在伦敦购买政府票据，而这些商业票据也可以在伦敦再贴现。如果汇兑银行正将资金汇回伦敦，这本身就说明汇兑银行对政府票据的需求不振；相反，如果他们将资金汇往印度，就说明他们对政府票据有很强的需求。这样，萧条时期对政府票据的需求不振(以及对政府英镑汇票的需求强劲)，部分取决于汇兑银行的行为。他们的什么行为会造成类似于金融恐慌的剧烈银根紧缩状况，现在还不容易预测。

迄今为止，银行头寸方面唯一明显的危险因素，似乎是印度汇兑银行吸收的存款在增长，却没有出现印度现金储备相应增长情况。如果汇兑银行被迫在他们的会计报表上对印度业务和印度之
156 外的业务做出区分，除了“伦敦”和“印度以外”需要有替代项目之外，[①]本书第 154 页假设的会计报表在某种意义上也需要展开。它们也应该像两个已经加以分类的项目那样，在定期存款和通知账户或短期存款之间做出区分。就像论到汇兑银行一样，我们也要讨论一些银行的现有状况，比如坚持应有的公开性，而不是政策问题上的强迫或管制，对于任何可能存在的缺陷而言，这才是合适的补救之策。

---

① 最有用的应该是分为三类：即印度、伦敦和其他地方。但我不清楚印度当局怎样才能理性地强制实施这种分类。

印度银行业的第二组成部分由印度商业股份合作银行构成，即在印度本土注册并把总部设在印度且是三大管区银行之外的银行。这组银行的情况比较混乱，因为很多小型的货币放贷机构，都根据《印度公司法》注册为银行，所以在 1910 年，有 11492 家企业分类为银行。[1] 但官方统计是按一定的规模来划分这些银行，也就是说，缴付资本金和储备至少要达到 50 万卢比(33000 英镑)。

我们在这里讨论的这些早期银行，通常都按欧洲管理方法来管理。1870 年存在的七家银行，现在只剩下两家——上印度银行(Bank of Upper India，1863)以及阿拉哈巴德银行(Allahabad Bank，1865)。[2] 1870 年到 1894 年间，与这些银行类型相同的七家银行，现在只剩下四家：即西姆拉联合银行(Alliance Bank of Simla，1874)、奥德商业银行(Oudh Commercial Bank，1881)、旁遮普银行(Punjab Banking Company，1889)以及旁遮普国民银行(Punjab National Bank，1894)。[3] 相比较于管区银行和汇兑银行，所有这些银行都属于小微银行，但这些银行在形式上，都与晚近创建的大多数银行有区别。

1894 年到 1904 年间，[4]新成立的银行未必都缴存了多达 50 157
万卢比的资本金。但从 1904 年开始，全新的银行业务突然大量出

---

① 大多数小型货币放贷机构(363 家)都在马德拉斯注册。其中多数为互助会，我们很容易就可以从官方统计中排除这些机构。

② 还有一家规模较小的银行，班加罗尔银行(Bangalore Bank，1868)。

③ 还有一些规模非常小的银行，比如克什米尔银行(Kashmir Bank，1882)和浦那招商银行(Poona Mercantile Bank，1893)。

④ 1901 年印度人民银行(People's bank of India)成立，但直到 1908 年都没有满足 50 万卢比的底限。

现，一种新型银行在印度日趋重要。1904年缅甸银行(Bank of Burma)的成立使这种新的类型得以开始出现。1911年，这家银行倒闭，两名董事和总经理被发现犯有诈骗罪，并于1913年被判入狱。1906年又成立了三家较为重要的银行：印度银行(Bank of India)(由帕西人赞助)、仰光银行(Bank of Rangoon)以及印度正金银行(India Specie Bank)。一直到1910年，这三家银行是仅有的缴付资本金超过150万卢比(10万英镑)的新建银行。[①] 1906年之后，许多银行纷纷开业，其中缴付资本金达到上述标准的最为重要的银行有：孟加拉国民银行(Bengal National Bank，1907)、孟买招商银行(Bombay Merchants' Bank，1909)、印度信贷银行(Credit Bank of India，1909)，卡提亚瓦和艾哈迈达巴德银行(Kathiawar and Ahmedabad Banking Corporation，1910)以及印度中央银行(Central Bank of India，1911)。

在这类银行中，大多数的主要目的当然是为了吸收存款(虽然从现在看来，有的银行的未发行股本起了很大的作用)。一年期定期存款的利息各银行不同，但通常是4 .5%到5%。新建立的银行一般愿意给出较高的利率，有的银行甚至给到6%。短期银行利率的情况更含糊。一般而言，活期存款利率为2%，但有些急于求成的新起银行也给到2.5%。我见过一家银行的广告，在有每日结余的条件下，他们提供的利率为3%，期限更长的整存整取利率为6%，广告的标题部分大字写着：资本5000万卢比，但底下似

① 印度银行(Bank of India)的缴付资本金为500万卢比，储备和其他资金55万卢比，印度正金银行的相应数字为750万卢比和190万卢比。仰光银行的规模较小，而且办得不甚成功。

乎写着请人认股，而且似乎忽略了告诉大家他们的缴付资本金。有的银行还登出这样的广告"特别婚姻存款，5 年内本金增加 158
50%"。①

类似一年期定期存款利率 4.5% 和活期存款利率 2% 这种超过某一最低限度的利率，在印度当时的条件下，是非常合理的利率。如果这样吸引来的资金并不是用于投机交易，而是用流动形式维持储备的充足性的话。正是在这一方面，这些银行有很多引发批评的地方。遗憾的是，官方统计太过时了。不过，截至 1910 年，缴付过资本金且储备至少为 50 万卢比的银行数据，我们可以显示如下：

印度股份制商业银行

	银行数目	资本金、储备及其他	存款	现金余额
		英镑	英镑	英镑
1890	5	340000	1810000	370000
1895	9	630000	3780000	640000
1900	9	850000	5380000	790000
1905	9	1080000	7990000	1160000
1906	10	1270000	7700000	1000000
1907	11	1950000	9340000	1300000
1908	14	2060000	10840000	1630000
1909	15	2360000	13660000	1860000
1910	16	2510000	17110000	1870000

我的看法是，这些数据揭示了一个非常严重的情况。如果能给出最近的数据，情况或许会更糟。迟至 1900 年，这些银行相对而言

① 这是按年利约 8% 计算的复利率。

还无足轻重。但自那时以来，它们在吸引大笔存款方面非常成功，成了这个国家银行体系的重要部分。这些银行中只有六家银行的历史长到可以使它们追溯印度任何一次真正的金融危机（1907—1908 年的萧条并不伴有金融危机的征兆）。由于是在平稳时期成长
159 起来的银行，所以它们一直认为，要吸收比保留的现金储备多得多的存款。这样我们发现，1900 年，16 家银行的存款数为 1700 万英镑，现金储备数则只占存款的 11%弱。[①] 而且，这些储备大部分还是那些老银行和这一类已经站稳脚跟的银行所持有。至于那些小银行，与他们打交道的客户视银行为新生事物，而且他们国家又将储藏看得极重，从这些迹象看，这些小银行的现金余额可能会严重不足，因此我们很难不怀疑，轮到下一次颓运，它们就会像玩九柱戏般大量倒下。如果发生这样的灾难，印度遭受的损失将远远大于存款人的直接损失。印度银行业习惯做法的养成当然对这个国家的经济发展至为重要，一系列惊人的失误将严重阻碍经济的发展。

在这一方面，缅甸银行——第一家按新规则建立的银行——的历史，很有启发意义。缅甸银行开办于 1904 年，遵从欧洲银行管理方式，受控于一家从事浮油和其他高投机性业务的企业。这家银行的资本金为 117500 英镑，到 1911 年倒闭之时，它吸收到的存款为 792701 英镑，其中大部分据说来自于孟买和加尔各答。为了获得这些存款，这家银行为一年期的存款开出的利率为 6%，许多人似乎受其名称的蒙蔽，相信在某种意义上这是一家管区银行。1911 年秋，在缅甸谷物长势喜人且高价售出的一年后，正当全省

① 这里还是让人吊胃口，拿不到最新数据。

普遍繁荣之时，* 这家银行却倒闭了。后来人们才知道，这家银行的资产负债表是伪造的，只是因为银行的董事对一家企业感兴趣，银行 1/3 的资产都预付给了这家企业的不值钱债券。

无论是汇兑银行还是印度股份制商业银行，我认为，"现金余额"都应包括存放于其他银行的现金余额。① 因此，将印度银行体 160
系的数字，即管区银行、汇兑银行和股份制商业银行的准确加总数呈报出来，不可能做得到。下面给出的数字比较准确地显示了私人存款总数，但是现金余额总数的某些项目还需要计算两次。

	印度的存款总数，公共存款除外	现金余额总数	存款中现金的百分比
	英镑	英镑	
1890	16650000	11310000	68[1]
1895	19430000	7570000	39
1900	20970000	5750000	23
1905	34230000	9150000	27
1906	38100000	11700000	31
1907	40880000	11350000	28
1908	42920000	11050000	26
1909	48930000	12430000	25
1910	54870000	12340000	22

1. 不同寻常的一年。

如上表数字所示，银行头寸的持续恶化非常明显。但这些数字很让银行满意而不是担心。因为我在这里没有将公共存款（1910 年总计为 2820000 英镑）包括在内，但将管区银行持有的现

* 缅甸当时被英国人划归英属印度，称缅甸省。——译注

① 在官方统计中，没有对"现金"给出明确无误的定义。

金余额总数包括了进来(包括分行与总行的)。如果这个数字准确的话,那么我想,相对于私人存款而言,现金的现有比例远远低于上表明面上的数据。

为了使印度的存款数据①更为完整,我们还要讨论邮政储蓄银行的存款,自1900年以来,邮政储蓄银行的存款迅速增长,尽管不如其他银行那么快。

与英格兰一样,政府并不会针对这些存款而持有任何特别储备。
161 他们将存款看成为短期债务并记为资本支出。因此,重要的是要记住,印度政府现在持有150万名存款人将近1400万英镑的即付短期债务。这就对政府的普通储备金构成了不可忽略不计的索求权。

3月31日	存款人数量	存款
		英镑
1900	785729	6431000
1905	1058813	8938000
1906	1115758	9328000
1907	1190220	9845000
1908	1262763	10121000
1909	1318632	10156000
1910	1378916	10578000
1911	1430451	11279000
1912[1]	1500834	12599000
1913[2]		13860000

1.年现金存款限额从200卢比上升到500卢比。

2.该年为估计数。

① 信用合作社在这一方面并不重要,资本金、储备、贷款和存款加在一起不足100万英镑。

上一段文字中的数字之累计效应，暗示了随之而来的反映。除了储备比例的恶化以外，印度的存款问题现在关系重大。这个数字意味着，相对于该国的交易总额和政府的财富，这个数字太大了。如果银行有了麻烦，现在这种状况将会比之前的状况造成更为深远的影响。这并不是指银行是否比之前更容易出现麻烦的问题。因此，他们持有的储备之问题比以前更为紧要。我在本章中能给大家传递的信息，很不完整。但尽管这样，它也为我们的质疑和不满，提供了强有力的不言而喻的理由。

我要讨论的最后一组银行（因为我没有有关私人银行和未组成公司的银行或货币放款人的准确资料）是由许多机构根据《印度公司法》 162
注册的银行。这些银行因为资本金不充足，而且业务活动太庞杂，因而无法列入在上面讨论的印度股份制商业银行名单。

这些银行的统计资料（大概数字）如下：

3月31日	银行数目	缴付资本金
		英镑
1900	398	2000000
1905	510	2200000
1906	505	2000000
1907	504	1900000
1908	478	2800000
1909	492	3100000
1910	476	3400000

我们没有这些银行之存款的统计资料。自1907年以来，这些银行的资本金增长非常迅速，虽然上表数字显示其资本金还不是很雄厚。

然而，我们对这些银行感兴趣，并不在于这些银行可能从事的银行业务，而是使这些银行声名扫地或职业蒙羞的堪称滑稽的某些特点。这些银行发现，公众心中对银行的名义资本金和缴付资本金区分不清楚，这对他们是个有用的信息，再没有比增加名义资本金更不费力的事情了。因此，一家银行在注册的时候，银行发起人就将自己的名义资本金总额登记为 10 万英镑到 100 万英镑之间的一个数。1910 年在加尔各答注册的一家不严肃的银行，名义资本金登记为 2000 万英镑，在得到了回报的时候都没有缴付资本金。除了这些罕见的冒险外，1910－1911 年注册的 38 家银行，名义资本金最多不超过 1306000 英镑，缴付资本金最多不超过 19500 英镑。这些银行的名义资本金数额较大，加之都起了听起来很了不起的名字，比如亚洲银行、东印度银
163 行、印度斯坦银行以及联合商贸银行等等。银行一旦成立，他们的活动就不受限制了，这些银行中有的还经营汽车车身制造和医疗保健。

很显然，没人太把这些冒险当回事。但是，最近这些银行发起人的活动，在印度引发了一些讨论，讨论涉及银行这种做法对公众利益而言可能不是一件好事，所以要立法加以约束的问题。在这个问题上，就像在类似的许多问题上一样(印度总督不知道还有其他形式)，印度的立法遵循的是大不列颠的法律体系。正如在英国不存在相关的银行公司法一样，印度的银行也只是根据《普通股份制公司法》注册登记。对这一《银行公司法》的修正案摆在人们面前已经有段时间了，修正案的讨论自然是围绕这一问题，即是否应该利用这次机会引入专门针对银行的一些限制。[①] 我倾向于认为，用不同的提案来处理这一

① 在撰写本书的时候，这一修正法案还没有通过最后一个步骤。

问题可能更为方便，这里的重点是，应该尽可能快地采取某种明确无误的行动。1910年，上印度商会(the upper Indian chamber)在回答政府质询时，非常明智地回答如下：

> 委员会非常强烈地感觉到，银行的资本和信用不仅与银行股东有关，而且与银行储户也有关，在这一问题上，我们还有更多的事情要做(与其他公司相比)。缺少认购股份资本的新银行，以惊人的速度涌现，这些银行利用了储户对他们的信任，这些储户不了解货币事务，但受“银行”二字的吸引，想用自己的储蓄赚点利息……这里的担忧是，如果这些如雨后春笋般成长起来的银行倒了一家，接下来就会一家家跟着倒闭，胆小的存款人无法在理性与非理性事务之间做出区分，会匆匆忙忙从所有的银行中提取出自己的钱，这样一来，他对银行的信任将遭受严重的挫败，必须花费多年时间才能挽回。

至于什么样的限制规定较为合适，人们有过各种建议。有人提议，银行业务不能与其他业务混营；还有人提出，应该定期核查银行账
目并公布核查结果；有人认为，应该在当地官方报纸上公布银行明细 164
账；还有人提出，对所有自称为银行的机构，都应要求它们在自己的通告栏目中公布自己具体的细目；[①]也有人提出，在分配红利之前，资本金和储备金应该占负债的一定比例。名义资本金与缴付资本金之间的比例严重不相称，将通过与名义资本金成比例的注册印花税来加以纠正。适当公示的规定或许会在长期内带来最佳结果——虽然我们

① 在我所看见的公布的会计账目表中，这些小银行中最大的一家，所有的现金都归纳为“投资”，也就是说，用于银行的投机。

必须注意到，账目公布的形式要适合揭示出最具相关性的内容。其他的管制条款可能容易产生我们无法轻易预测到的阻碍性后果。无论如何，在印度银行业发展的幼稚阶段，在储备的种类和数量方面，要有严格的规则，这才是明智的。

综上所述，我还必须对设立国家银行的提议多说几句。这也是皇家委员会要求探讨的主题。但我不准备在这里进行详细的讨论。

问题还是老问题。1836 年，“大批对东印度感兴趣的商人”，向东印度公司董事会递交了“建立一家英属印度大银行”的计划书。这样的银行“将自己的交易严格限制在银行基本准则和业务范围之内”，并且“按《议会法》来建立，拥有充足的资本金，经营管理方式得当，通过推动一部分英国闲置资本的使用来改善印度商业环境，以成为服务于公共利益的工具，并为印度货币体制提供稳定性，防止印度货币体制出现现在经受的那种偶发性波动，同时也使东印度公司在未来的财务安排中，获得便利性和优势”。银行也
165 可以为“税收收入提供便利，并通过各种公共支出渠道扩散其影响，为大不列颠所需的国内费用经费提供汇兑服务，使东印度公司的政府职能完全避开因现行汇兑制度而受到的印度商贸行业的干扰，履行议会的指令……对政府这一消费者而言，目前孟加拉银行的基础，太过薄弱”。上述引文摘自 J. B. 布伦亚特先生的《管区银行报告》，布伦亚特在报告中评论了拟议中的银行对当前情况的适用性。从 1860 年到 1876 年，孟加拉银行发展为“印度银行”的可能性，一直悬而未决，继任的参事会财政委员对这一想法的态度也不抱敌意。1867 年，一份合并三家管区银行的特别提案，以由狄克逊先生掌控并主导的备忘录形式，提交给了印度政府，狄克逊先

生(在他那个时代)凭借孟加拉银行行长和司库的卓越领导能力而大名鼎鼎。但总督记录中的说法则不赞同这一提案。总督写道:"我认为,出现一个覆盖全印度的大机构,并不符合国家的利益,有时候,大机构的利益可能与公众利益相对立,它的影响无论如何可能会使政府的影响黯然失色。而且,一家具有这种特征的银行会很难管理。我们在印度也找不到几个能胜任这一任务的人。至于孟买和马德拉斯商人的利益和便利,我敢肯定,他们会觉得,一家分业经营的银行对这些重要的商贸中心而言,自然更为可取。"印度事务大臣对这场讨论做出的唯一贡献——这里不必提到他的名字,因为这是不朽的印度事务大臣在说话,而不是匆匆过客在说话——如下:

> 任何改变基本特征的提法,比如说成立一家中央银行,或者回到政府财政体系的提法,此后或许都必须加以慎重考虑,而且,必须考虑这种提法中的普遍意义,而不是将其与具体管区的条件或具体危机的情况联系在一起。

这一计划被扼杀在政治智慧的华丽而空洞的言辞中了。[①] 166

在 1898 年福勒委员会之前,出现了一些对设立印度中央银行之计划的七嘴八舌的议论,讨论也得到一些人的支持。但是,除了汉布罗先生的备忘录之外,没有出现具体探讨这一计划的尝试。[②]

---

① 引文引自布伦亚特先生的《报告》,出处同前。

② 在讨论福勒委员会报告(1899 年 8 月 24 日)的公报中,印度政府甚至宣布,有必要采用合并和同化三家管区银行的方式,组建一家国家银行。至于导致这些想法最终被废弃的有关情况和讨论,见"有关设立印度中央银行之提议的文件记录"(重刊于《印度公报增刊》,1901 年 10 月 12 日)。

现在，赞成印度设立国家银行的呼声非常高涨，呼声之强劲甚至超过了 1867 年甚或 1898 年的情况。政府已经接手了如此之多的中央银行职能，所以聪明的话，政府也无法忽视其余的职能。日渐重要的纸币发行、政府现金余额的管理，以及外汇的管制——所有这些都可以通过一个缜密而构思精巧的系统进行管理和核查。但如果这些职能与银行自身的职能完全分开，就无法轻易获取其他的利益了。下面我简单地概括一下这些观点：

(1)现有的将纸币发行与银行一般职责相分离的做法，从普遍意义看，与现代银行业实际相悖，而且从好几个方面看，都是银行衰弱的根源。

(2)特别是它导致了保有两种不同储备——即政府储备和银行储备——的必要性，而两者之间又没有明确的限定关系，这样，如果政府储备不承担一定的职责，或者在没有责任机制的情况下，银行储备可能不充足。

(3)它还导致货币体制缺乏灵活性。因为在现代条件下，灵活性应该由银行业务与纸币发行的协调合作来联合提供，而印度缺
167 少货币发行这一职能。

(4)由于缺少一家国家银行，所以政府难以用最有利的方式使用自己的现金余额和其他流动资金。因为从审慎角度出发，政府无法将这笔公用资源全部交到私人机构手中。

(5)缺少一个中央银行当局，会使一国的金融政策缺乏总体方向：没有哪家银行能从全局考虑自己的业务，或者，去了解市场各个组成单位的情况，或者，在必要的时候，强迫各银行审慎行事。虽然理论上存在多职能储备制度，但现实中几乎没有一个这样的

机制。在金融危机中,面对危险之时,每个人都指望别人的援助。

(6)缺少国家银行官员应该具有的警觉和经验,也是政府本身软弱之源。在政府中,没有哪个高官将金融作为自己生活中的主要研究对象。在一位成功文官的职业生涯中,当上一名财政干事是一件小事。参事会的财政委员也愿意用创造性的思维来解决他工作中的具体问题。于是,政府财政官员会花五年左右的时间掌握某一难题,然后就有了一种保证能提升到另一职位的资历。就我们考察的印度政府而言,金融与货币问题掌握在聪明的业余人士手中,他们起初对此问题一无所知,但在逐渐了解了这一领域的内容之后就中断了研究。在这些问题上,权力的中心逐渐转到了伦敦的印度事务部和印度参事会那里,一点都不奇怪。因为印度事务大臣的下属职员和顾问们已经逐渐熟悉了印度的货币问题。印度事务部的管制措施也总是被人用带着嫉妒和猜疑的眼睛紧盯着,这是我们在学问人身上经常可以看到的一种本能。但是,照目前的情况看,他们乐于对货币问题拥有广博的知识和经验。不过,印度事务部给出的这些延续理由——虽然就我研读的过去十年的
历史而言,它在指导货币发展方面毫无价值可言——根本无法解 168
决我们面临的困难。由于印度事务部不能充分接触银行业,所以如果能在印度人自己那里找到富有经营经验之人,情况会好很多。值得注意的是,两份关于印度金融基本问题(已经经过时间的检验)的经典公告,都出自孟加拉银行行长官员之手,而不是出自印度事务部高官之手。这两份公告,一是1867年狄克逊先生关于中央银行问题的表态,一是1878年A.M.林赛先生关于金本位管制问题的表态。(尽管我在总结中已尽可能做了详尽阐述,但关于国

家银行问题的这一最后观点，根本不是最重要的观点。最先给出的观点倒是能够把握住问题的观点。）

另一方面，有人又提出了一个反对设立国家银行的好理由。我们在前面概述的几个缺点，都可以通过不太极端的建议，至少部分纠正过来。这方面的理由主要是出于保守和审慎（或胆怯）。只要人们开始制订实际计划，就会出现困难重重的问题。政府自然会对如此麻烦的提议心存恐惧——如果没有一个足以引发他们兴趣并迫使他们关注的重要机构的话，让他们远离自己已经习惯的事物，肯定会有恐惧之心。银行害怕一个可能的竞争对手，商人们满意于目前的繁荣，其他人对国家银行没有任何的了解。因此，如果在经济情况好的时候采取行动，我倒会感到惊讶。或许我们应该等一下，等一场严酷的金融危机让我们有点教训。只有在这种金融危机的强力作用下，负责任的政府才会鼓足勇气接下这个任务，或者，商界会默认这一事实。

如果某一天，人们的干劲被激发起来，并积极从事这一任务，那么新式银行结构的构建者，最好多用点心思全面考虑一下英格兰银行。正是在这种欧洲的国家银行内部，尤其在德国国家银行内部，或许在荷兰或俄罗斯银行那里，我们能找到最为合适的模式。

第八章　印度的贴现率

管区银行采取与英格兰银行相同的方式，公布官方最低贴现率。在对货币市场的有效影响方面，管区银行利率并没有达到、也没有假装达到，在所有方面都与英格兰银行利率具有可比性的程度。他们并不打算控制货币市场，也并不打算强行规定贴现率应该是多少。他们宁可跟随市场并提供总头寸的指标。

因此，作为印度货币价值变化的最佳适用指标，管区银行贴现率是人们主要关注的指数，正因为管区银行贴现率的这种地位，所以我想在本章中好好使用一下这个指数。

然而，如果我们想把贴现率当成指数使用，有必要先提出一些警示。印度这个地方当然与英格兰一样，没有一个单独的货币价格，而是根据贷款所需期限的长短（或者可转让票据的到期日）和证券的特征，有好几个不同的价格。我相信，印度公布的银行利率，代表的是对政府票据这类抵押贷款按天计费的价格。也就是说，这类贷款的利率，是依据公布的银行利率按天计算的价格。因此，可以说它与伦敦相对而言较短期限的利率，比如说 14 天贷款利率相类似。因为如果银行利率为 7%，我们并不因此就认为，我们可以按照这个价格拿到可以使用两个月或三个月的钱。通常，对那些两到三个月的优质票据收取的价格，要么高于要么低于公

170 布的最低银行利率。另外，管区银行公布的利率，可能因时间不同而“有效性”或大或小。也就是说，银行并不总是能够按照自己公布的最低价格，任意从事大笔业务。我相信，在旺季更不可能是这种情况，甚至在淡季也不是这种情况。比如说，银行并没有将公布的利率降到3%以下，尽管货币可能实际上用途不大，但如果能用2%的利率借出大笔资金，就足以让他们高兴了。然而，不同的限制条件并不妨碍管区银行利率为我们提供了度量印度货币市场资金宽松或紧张的最佳适用指数。我做了一张表格，表格中给出了孟加拉管区银行自1893年以来贴现率波动的情况。[1]

三家管区银行公布的利率，并不总是一致，但如果有差异，期间的差额很少超过1%。管区银行的这种利率差，主要反映了每家银行重点关注的不同农作物交易的日期差。印度不可能出现较大的利率差，不仅仅是因为存在资金从印度的一个地方流动到另一个地方的可能性，还因为存在这样一个事实，即印度事务大臣愿意顺遂购买者意愿，在任何一个管区城市从事政府票据和应付汇票的交易。如果哪一个管区市场出现了较大的资金紧缩，伦敦就会出现大量出售政府票据和汇票的情况。因此，如果我选用孟买替代孟加拉，这张表反映的总体情况不会因此而有太大的差别。

官方利率每次波动的幅度为1%，偶然也会出现2%的波动，但最近没有这种情况。然而，一旦在旺季的开始或结尾时出现利率的上升或下降，常常紧接着就会出现另一种变化。

对表格的研究表明，印度货币市场与其他市场一样，每年的平

① 感谢印度事务部的 H. 贝林厄姆先生帮我制作了这张表格。

均利率也各有高有低。但显而易见的是，相比较于季节性变化，这些年平均利率的变化相对较小。印度的季节性变化非常大，而且 171
很有规律，正是这种变化，为印度市场与我们熟悉的欧洲市场之间的差异，提供了最为明确的依据。

我们来更具体地研究一下近年来利率的年波动率情况。

	孟加拉利率(%)			孟加拉利率(%)	
	2月最高利率	8月最低利率		2月最高利率	8月最低利率
1900	8	3	1907	9	3
1901	8	3	1908	9	3
1902	8	3	1909	8	3
1903	8	3	1910	6	3
1904	7	3	1911	8	3
1905	7	3	1912	8	3
1906	9	3	1913	8	3

根据这张表格，我们可以有把握地作出判断，印度的利率在冬季或早春预计可以达到8%。夏季会下降到3%。每年之间的差异主要由高利率和低利率分别占有的时间长度决定。从8%到3%，对于正常的季节性波动而言，确实是一个巨大的波幅。对此应如何解释呢？英格兰银行利率很少超过5%，多年来，即使在冬季，也没有下降到这一水平之下。如果优质证券在印度获得7%或8%的预期利率已成规律，那么，为什么不值得某些人在旺季将比现在多得多的资金汇兑往印度，从而保证拿到英国利率与印度利率间巨大差额的收益呢？

我想对这一事实可以做如下解释。人们不可能一整年都能在

印度拿到7%或8%的高利率。在正常年份中,我们不能指望这一利率延续实施三个月以上。那些在伦敦筹集资金以便在印度短期
172 放贷的银行,必须在以下两种方式之间做出选择,要么将资金在印度从这个旺季一直放到下一个旺季放一整年,要么在一个相对短暂的时间之后,将资金带回伦敦。这就是说,他要么获取印度的年均利率,要么在旺季赚到极高的利率,足以补偿他们承受的双向汇兑成本。

在考察两个货币市场之间资金汇兑的原因时,即两家欧洲银行之间的利率差时,汇兑的成本,即对交易之初汇出电汇汇率和交易结束时汇入电汇汇率之差的度量,当然不能忽略过去。但是,由于两个货币中心比较接近,而且,我们没有理由预期到一个自由市场会中止用黄金清偿债务,因此相对而言,这一成本是一个次要的考虑因素。然而,伦敦市场与印度市场之间的遥远距离,使得成本问题非同小可了。按照印度利率做一个简单的计算就可以明白,汇兑成本或许比未经点拨的普通头脑预期的要高很多。因为在当前的条件下,双向汇兑成本基本不会低于每卢比1/16便士,多数年份汇费高到5/32便士,偶然情况下也达到过3/16便士。指望低于3/32便士的成本称不上是明智之举。现在,每卢比收3/32便士,大约为0.6%。如果这种兑换(即汇兑)的损失要在三个月内(即一年中的一个季度)获得补偿,那么,相比较于伦敦利率而言,每年必须在印度赚到的额外利率将近2.5%。如果能预期到兑换中损失的不同程度,如果能预计货币按高利率在印度使用的时间多于或少于三个月,那就必须对这一计算做相应调整。无论如何,印度银行利率和伦敦短期大笔资金利率存在利率差的原因,

能够得到充分解释。比如说，货币能按高利率在印度只使用一个
月，就算这期间的双向汇兑成本低到 1/16 便士，伦敦银行利率和 173
印度银行利率之差必须达到每年总计 5%，才能使资金汇兑看上
去有利可图。

上述阐述表明，汇率的微小波动可以引致贴现率的极大差幅，而且，除了这些不对等的信息和不对等的安全性之外，波动的可能性也使两个货币中心的市场具有明显的区别。基本解释本质上与我在第二章第 19 页对提请大家注意的情况——即在那些不总是可以轻易得到黄金的欧洲国家，黄金暂时升水 3/4%——的解释相同，基本上与为防止资金汇往国外、甚至为了吸引资金回流，而大幅提升银行利率是同样的效果。

这一讨论是为了澄清一个区别，这一区别对印度银行利率问题非常重要。在我们说到印度银行利率常常偏高的时候，我们的意思不是指全年的平均有效利率，而是指每年的最高利率。有效利率一般是针对较短或较长的一个持续期间而言，有效利率通常较高。较高的平均利率和较高的最高利率，当然要求有不同的解释，如果寻找纠正之法，也要有不同的纠正之法。手头的证据也不表明，印度的平均利率在一个处于印度这样经济和金融发展阶段的国家，高得过了头。比如说，有些汇兑银行并没有发现有什么值得他报出高于一年期定期存款利率 3.5%的利率。较高的最高利率并没有高到要求进行调查的地步。

我们讨论的这种现象绝不是印度所特有的现象，也并非由以金汇兑本位为特征的印度货币体制的特性所引起。我们在那些需要资金为贸易提供融资的国家，也发现有相同的情况，在这些国

174 家，全年季节性非常明显，而且变化较大，同时，所需资金又不得不从遥远的外国金融中心，比如说南美各国，汇兑过来。事实上，通过设立卢比与英镑之间的汇率平价，季节性通货紧缩的严重性已经大大缓解。1897 年和 1898 年高得离谱的银行利率，部分原因就是银行按照当时高得离谱的汇率进口资金时，因胆怯而引出的。银行无法保证汇率会一直保持在现有水平或接近于现有水平，如果无法保证的话，他们冒着风险进口的资金又会再次在国内给他们造成巨大损失。在现有的安排下，旺季和淡季之间汇率的最大波动幅度是已知的，而且被限制在一定范围之内。但在卢比金价的稳定性对印度货币市场影响甚大的条件下，提供 12%的银行利率是根本不可能的事情，除非出现全国性的金融危机或金融恐慌，但也并不妨碍因为一些相对平常的事件，而将银行利率提升到 8%甚或 9%。那么，有没有可能为我们仍在经历较为严重的季节性资金紧缩设想出补救方案，或者缓和资金紧缩的影响呢？

很显然，我们可以找到一两种补救方法。这两种方法中，一种是减少汇兑成本并降低汇率的最大波动幅度；一种是在印度本土找到新的季节性资金供给来源。我将在下文依次讨论这两种选择。

如果我用一个较为极端的情况开始我的讨论，将会有助于弄清我们的争论点。我们假设，伦敦与加尔各答之间的汇率固定为 1 先令 4 便士，而且，政府总是根据这一汇率提供**任一方向上**的电汇汇兑。在这种情况下，伦敦货币市场和印度货币市场实际上是一个市场，现在存在的两个货币中心为安全性相同的贷款提供的利率之间不可能出现巨大差额。因汇兑数量而产生的影响，将非
175 常巨大。每一年，巨额资金将在旺季从伦敦汇兑往印度，并在旺季

结束之后汇兑回伦敦。现在因为这种交易的赢利性已经降低，所以这种情况不复存在。下面的阐述将表明，这些来来回回的季节性资金运动到底有多大的规模。在 7 月份，孟加拉银行的现金储备账上的结存（我们假设）大约为 1 亿卢比，银行贴现率为 3%。这笔储备或许至少超过了审慎性所要求数字的 4000 万或 5000 万卢比。但是，降低银行利率可能没有什么用处，因为额外的资金无论如何完全不可能在 7 月份这个时间段在印度贷出。不过，因为我们已经给定的理由，在现有条件下，在这段时间过去，在加尔各答可能再度需要资金之前，任何人都不值得去借入这笔资金并将资金汇往伦敦，所以，最好的方法就是让这笔资金闲置并等待旺季的到来。但是，1 先令 4 便士的固定汇率和所有这些条件都会发生变化。银行客户知道，一旦他们需要，就可以毫无损失地取回自己的资金，立刻就可以把 4000 万或 5000 万卢比汇往伦敦。印度每个拥有可贷资金出借的人，都会如此行动。

如果印度事务大臣打算自己负有这项义务，会对他产生什么影响呢？为了像一个普通的钱币兑换商一样，能在淡季在伦敦拿出大量的英镑，在旺季在印度拿出大量的卢比，他必须持有一笔比他现在在英印两国所持有的储备大得多的巨额储备。他甚至还必须来来回回自己汇兑黄金，因此还要承受汇兑银行已经为他解除的全部成本负担。现在，汇率的波动被限制在“黄金输出点”上下两边 1 先令 4 便士的范围内，这在一定程度上为货币设置了一道保护线，并减少了货币当局必须持有的储备金的规模。汇率的下降就像一股推力，使资金从印度汇兑往伦敦，汇率上升也像一股拉力，使资金从伦敦汇兑往印度，并使个人的私利和作用于市场的自 176

然力与市场的整体利益更加趋于一致，因此印度事务大臣可以毫不费力地维护货币体制的稳定性。如果电汇汇率固定为1先令4便士，印度银行利率将紧随伦敦银行利率，但会迫使印度事务大臣大幅增加手中的储备。

为了强调与所有这类提议相关的原理，我给出了这样一个极端例子。但是并没有人打算提议将上述机制作为实际政策。不过，我们可以考虑一下更为温和的同类提案。比如，有的批评意见提出，印度事务大臣从来没有在伦敦用低于1先令4便士的价格出售过政府票据。这在某种程度上会降低汇率的波动幅度，因此在汇率升高时，或许可以减少汇款往印度的损失风险；但是，印度事务大臣从市场抽走资金时，并不一定会阻止汇率下降到1先令4便士以下。而且，在正常时间段里，实际奉行的政策已经大致接近于这种提议。在最近三年中，很少有机会以低于1先令4便士的价格出售政府票据。在非常时刻，如果必要的话，用较低的价格出售政府票据可能是对英镑储备的一种保护。因此我的结论是，这种政策的优点不会太大，或许不会大到足以超过成本的地步。

通过降低汇率最大波幅的方法找到纠正较高银行利率的途径，并非易事。实际上，只要货币安排在任何情况下都与现行安排相同，这个最大波幅可以说只能由政府控制之外的力量决定，也就是说，由掌握黄金汇兑成本的力量决定。虽然这一成本负担可以转移，但无法轻松避免。

因此，我们必须退而转求第二种选择，在印度本土找到季节性
177 资金供给的新来源。着眼于这一主题的提议已经在前面用了不止一段的篇幅做了阐述。我相信，印度政府未来会在旺季时，在纸币

储备金中持有大笔的卢比资金，偶然情况下，还会在印度的现金余额账上有一个盈余储备。如果建立了一个可以将这些资金在印度向外贷出的适当机制，我预期在货币紧缩最为严重的季节，会在某种程度上缓解银行利率上升的压力。如果假设在其他领域实行这种政策，我们就可以试着比较这一政策对现有情况的实际效果。

广而言之，目前，印度的政府盈余资金只能通过在伦敦出售政府票据的方法释放出来。只要这些票据按合适的高价售出，政府就获得了除 1 先令 4 便士之外的升水，而且还可以在伦敦放债收利。如果印度的资金不是通过兑现政府票据的途径释放出来，而是直接在印度放贷，印度获得的利息就会替代前面已经区分清楚的两种获利来源。在第一种情况下，首先在伦敦货币市场借到资金(通过汇兑银行或其他途径)购买政府票据，然后再由印度事务大臣将这笔资金再贷给货币市场。在第二种情况下，印度本土的一次交易替代了伦敦的二次交易。有人或许会说，两种方法归根结底就是一回事，除非印度政府同意用较低的利率在印度贷出资金，并且利率低于他们按高价售出政府票据并在伦敦贷出资金给出的相同利率，否则货币市场不可能有舒缓迹象。第二种方法与印度可用资源的净增长无关。然而，出于以下原因，我不认为这种考虑问题的方式是正确的方式。

第一，风险可能会得以消除。如果在旺季输往印度的资金兑
换的平均损失(比如说)每年 2%，为了补偿汇率波动超过平均水 178
平之外的波动风险，银行有可能在印度现行利率和英国现行利率之间，给出一个高于 2%的利率差。如果借贷资金是卢比，而且也是用卢比偿还，就不存在风险因素，风险因素的消除就提供了一个

净收益来源。如果政府在印度的放贷可以缓和那里的季节性资金紧缩情况，就有可能降低汇率波动的正常上限。情况就是这样，在正常年份中，其结果从表面上看，与前面讨论并拒绝考虑的第一种选择的结果相类似，而政府也没有作出任何能够成为负担的承诺来束缚自己。

第二，印度事务大臣在伦敦放贷所能赚取的利率，由于借贷的期限较短以及他所要求的安全性，显然低于汇兑银行在伦敦筹集资金的正常利率，并大大低于在印度直接放贷所获利息。（另一方面，我们应该承认，与现有安排相比较，在印度放贷资金可能要牺牲一些安全性。）

第三，我们并不清楚，在印度额外贷出一笔比在现行货币体制下实际所贷出的资金多的资金是否合理，因为这导致印度的可用资源在某种程度上有了净增长。

因此，除了我在前面章节已经给出的用纸币储备金在印度放贷的理由外，我相信这才是每年旺季过程中，最有希望解决印度银行利率普遍高启的方向。我不觉得我就可以明确对最佳贷款方式说三道四。但我认为，我可以冒昧地说，在缺少国家银行的条件
179 下，这种放贷可以经由管区银行来做，如果做不了全部放贷，能做大部分也好。我相信，政府会三思而后行，一般来说，他们应该严格规定5%或5.5%的最高银行利率。这类金融问题上存在的一种危险，可以避免政府过分妒忌个人的赢利。在必须与个人合作的情况下，必须容许个人在交易中占有一个合理的利润份额。在他们与管区银行关于临时性贷款方面，印度政府有时候似乎附加了比其他交易更为重要的条款，以防止银行从贷款中获利。我可

以再说一遍，我所考察的贷款仅仅是指旺季的贷款，在预期到一个正常的收成或可以确信的大丰收之前，肯定不会出现这种贷款。

类似对上述提议的补充说明，根据 1912—1913 年时节的实际情况来加以思考或许有些启发意义。从印度货币市场的角度看，这一时节的特殊之处在于，印度对中长期贷款实施的高银行利率，[①]与相对较低的汇率以及对政府票据和黄金的有限需求，一起出现了。1912 年年底情况还算正常。通常在每年的这个时候，银行利率水平某种程度上有些偏高，汇率也偏高（指定的政府票据的最低贴现率为 1 先令 4 又 2/32 便士），对政府票据的需求规模非常大。但从 1 月到 3 月，尽管银行利率仍然高启，且贸易非常活跃，但对政府票据的需求却逐渐减弱。一开始，需求只是缓慢下降，到了 3 月份，需求迅速下降，汇率也以同样的速度下跌，到了 3 月下旬，指定的政府票据的最低贴现率甚至下跌到 1 先令 3 又 31/32便士的低位。如此低的汇率与孟买 8%的银行利率组合到一起，颇为反常。

对一位没有实际接触过货币市场的学者来说，冒险对现有情 180
况做出解释是危险之举。但我愿意给出我的解释，因为这样做非常值得。1913 年 3 月对政府票据的低迷需求，不可能用黄金参与汇兑竞争来进行解释，因为低水平汇率不利于沙弗林的进口（除非在季节之初，否则就连从埃及进口都无利可图），事实上，沙弗林的进口规模已经比前一年小了很多。因此，这种状况一定是由于汇

① 从 1912 年 11 月 28 日到 1913 年 4 月 17 日，孟加拉银行利率为 7%或 8%，从 1912 年 12 月 27 日到 1913 年 4 月 3 日，孟买银行利率不低于 8%。

兑银行和其他银行不愿意在伦敦投钱购买汇票寄往印度造成的。这种不情愿有多种原因。锁死在白银和鸦片上的资金以及印度购买国外商品的自由化，可能都有某种程度的影响，而一个起重要作用的影响就是伦敦市场货币的昂贵，[①]再加上对不久货币价格将要下降的充分预期，使得市场有了放慢交易的动机，能推延就推延。然而，对于银行方面不情愿购买政府票据之缘由的准确诊断，并不一定就是我想强调的经验教训。因为无论何种原因，无论是7%或8%的印度银行利率，还是再加上低水平的汇率，事实上都不能引发银行大量购买政府票据的兴趣。是什么对印度的政府现金账户产生了作用呢？普通的方法都已经失灵，比如经由税收收入而以储备债券形式累积的卢比又很快吐了出来，并回到了货币市场，即兑现大量政府票据也不太管用。大量赚取的盈余恶化了银行头寸，因为这笔盈余的大部分要专用于下一财政年度的支出，因此在盈余增加的同时，也增大了政府的现金余额，使其超过了通
181 常的规模。因此，从资助市场的角度看，政府忙着通过一周接一周从市场抽走当时市场一点儿也不想要的卢比来不断增进银行紧缩程度。1912年年底（见本书第132页的表格），已经闲置在储备账户中的资金非同寻常的多。截至1913年2月底，印度的政府余额总额已上升至1740万英镑，3月底则增加到1930万英镑，其中800万英镑存放于储备账户。世界上有哪个货币市场能眼见这么大笔的资金在一年中最繁忙的季节无法使用和控制而承受利率下

① 英格兰银行的利率为5%，市场利率接近于银行利率；一年的时间，伦敦和印度货币现行利率之差，并不比通常情况下大多少。

降的损失呢？

按我的判断，这种情况之所以出现并不是由于政府行政官员的无知或不称职，而是由于摆在他们面前的制度没有为他们提供一种处理这种情况的有利机制。“独立金库制”和传统上政府对货币市场的超然态度，都是对他们最为不利的情况。每年有数百万卢比闲置于政府财政的时候，也是外面有大量工作需要政府官员去做的时候。我敢肯定，我在上文概述过的那种安排，可以在某种程度上缓和这种情况。因此人们可以认为，1913 年第一季度的情况是一种特定场合下的特定情况，在那种情况下，政府可能在印度放贷了大笔资金并因此获利，同时又有益于货币市场，也没有引发什么让人担心的风险。

我现在已经完成了我对这些问题的讨论。最后我要强调两点。第一点影响到我对这一主题的一般性分析。我一直力图说明一个事实，印度货币体制是一个极为*协调的*体制，这一体制的每个部分都与其他部分相互契合。对该体制的讨论不可能面面俱到，作者为了文章的阐述条理清晰，有时必须牺牲事物的错综复杂和相互依存。但是，那些批评印度货币制度的人，应该持续关注这个制度的复杂性和协调性。这种复杂性和协调性并非印度金融制度 182
所独有，而是所有货币问题的特征。这个问题的难点也就源于此。

第二点影响到世界其他国家近来发展起来的类似于印度的货币安排。印度的事情主要由那些具有印度或英国知识以及经历的学者在做专门研究，因此有时候会失去印度制度发展的真实视角，忽略国外经验的价值。我在这里特别强调，印度的金汇兑本位制以及支持这一本位制的机制，即迄今为止被视为异常事物的这一制度，实际上正处于货币演进的前沿。但是，印度的银行安排、印度对纸币发行的管理、印度政府与货币市场的关系以及印度的地位，都与众不同。印度还应从其他国家的经验中，学习很多东西。

索　　引*

本索引所标页码为英文版页码，参见中文版边码

* 本索引是J. M.凯恩斯的父亲约翰·尼维尔·凯恩斯编制的。

图书在版编目(CIP)数据

印度的货币与金融/(英)凯恩斯(Keynes,J. M.)著;
安佳译. —北京:商务印书馆,2013
(经济学名著译丛)
ISBN 978-7-100-10431-9

I. ①印… II. ①凯…②安… III. ①货币—研究—印度
②金融—研究—印度 IV. ①F823.51②F833.51

中国版本图书馆 CIP 数据核字(2013)第 272875 号

经济学名著译丛
印度的货币与金融
〔英〕约翰·梅纳德·凯恩斯 著
安佳 译

商 务 印 书 馆 出 版
(北京王府井大街36号 邮政编码 100710)
商 务 印 书 馆 发 行
北 京 瑞 古 冠 中 印 刷 厂 印 刷
ISBN 978-7-100-10431-9

2013年12月第1版 开本 850×1168 1/32
2013年12月北京第1次印刷 印张 6⅝ 插页 1
定价:25.00元